朝鮮戦争休戦交渉の実像と虚像

北朝鮮と韓国に
翻弄された
アメリカ

本多巍耀

芙蓉書房出版

まえがき

朝鮮戦争は一九五〇年六月二十五日に勃発。

その休戦交渉は一九五一年七月十日から始まり、二年後の一九五三年七月二十七日に調印されました。

本書は協定調印に至るまでの交渉経緯とそれに関連する出来事に焦点を当てた作品であり、そういう次第で文末には参考資料として休戦協定（全文）と米韓相互防衛条約（全文）を掲載しております。

さて私は本作に取り組むにあたり、実際に休戦交渉に立ち会って中朝側の想像を絶する破廉恥な言動を目撃した国連軍顧問バッチャー教授の労作 ***Pammunjon***（『板門店』）を大いに参考としました。そしてもう一つ、大いに参考としたのは、重大な瞬間、李承晩に裏切られた国連軍司令官クラーク大将が書き残した ***From the Danube to the Yalu***（『トナウ川から鴨緑江まで』）です。これらの文献以外に私は、外交文書の宝庫と呼ぶべきＦＲＵＳ（Foreign Relations of the United States＝アメリカの外交）というホームページを参照しました。

ところで、これらの文献に共通しているのは、アメリカ人が中朝側休戦交渉団を一括りに「共産主義《コミュニス》者《ト》」と呼んでいる点で、中朝側交渉団が背負った文化を感じさせる朝鮮人、あるいは中国人という記述は極めて稀であり、以下に記載する国連側首席交渉官ジョイ提督の推薦文はそれを良く示しています。

『板門店』の著者ウィリアム・H・バッチャー教授は心理学の面からアドバイザーとして休戦会議に参加し、そこで起こったことがらを逐一観察の上、我々に適切な助言をしました。これに加えて、教授は共産主義者たちの言動、振る舞いを直接肌で感じ取り、その体験をもとに、『板門店』という一冊の本をまとめ上げたのです。朝鮮戦争の休戦会議は赤い国《コミィ》との間で話し合われた史上初の休戦交渉で、丸二年に及ぶ共産主義者との接触は私たちにとって精神的苦痛を耐え忍ぶ日々となりました。

教授が『板門店』で書いた共産主義者の非常識な振る舞いは現実に起こったことであり、心理学者である教授はこの本の中で極めて正確、かつ、客観的に共産主義者との交渉の過程を描写しました。つまり、『板門店』は休戦会議を振り返って反省する時、これ以上のものは無く、またこの一冊は共産主義者の攻撃に晒される自由主義世界の人々に大きく貢献することでしょう。

私たちは共産主義者という相手が冷酷で一方的にわめき立て、宣伝戦術に長じ、まともに話し合うことが困難であることをよく知っておかねばなりません。私は共産主義者と接触しなければならない人々に心からこの本を推薦します。

アメリカ海軍提督　チャールズ・ターナー・ジョイ」

休戦交渉を体験したアメリカ人は、中朝側の定番となった《大声の罵詈雑言で相手を威嚇する聲闘《ソント》》、《無限に続く堂々巡り》、《臆面もない論点ずらし》、《合意済み条項の一方的白紙撤回》《場当たり的な嘘と歪曲》といった穢らわしい対話文化に面食らい、ペースを乱され、疲労困憊しました。この体験でアメリカ人交渉メンバーはこれらの言動が共産主義の洗脳教育から来ていると見ることになり、有史以前から今も生命力旺盛に生き続けている中国大陸と朝鮮半島の苛烈な文化遺産だとは思っていません。ゆえにジヨイ提督をはじめとする交渉官たちは中朝側の交渉術を「共産主義者ならではの汚い手口！」と思ったのです。

しかしその判断は間違いです。その証拠に、スターリン時代に駐ソアメリカ大使としてモスクワに赴任し、クレムリン当局から好ましからざる人間《ペルソナ・ノングラータ》の宣告を受け、ソ連追放になったジョージ・ケナンは次の言葉を残しており、共産主義者だから汚い手口に出るという判断が間違いであることを語っています。

「ロシアの共産主義者は、ある程度は責任順守の姿勢を保つので信頼関係の形成はできる。しかし中国、朝鮮の共産主義者は約束を守るという点で、興奮しやすく無責任な人間であるように思えるので、信頼関係の形成は非常に難しかろう」

共産主義者という衣の下にある文化の違いを頭の片隅に置いて本書をご一読賜れば、二十一世紀になっても、未だに大人になりきれない北朝鮮と韓国の乱暴狼藉は最近始まったことではないと理解でき、「なぜこれほど馬鹿げたことをするのか？」など、不可解だったものが不可解でなくなるでしょう。私はそう考えています。

さて、本書をご一読たまわるにあたり、お断りしておかなければならないことがあります。

朝鮮戦争は作戦名のついた国連軍の軍事行動だけで一〇九あり、それ以外に偶発的遭遇戦から激戦になったものは無数です。しかし本書では、休戦交渉に直接影響を及ぼしたパンチボール攻略に関連するクリーンアップ作戦とタッチダウン作戦を取り上げるだけに留め、鉄原《チョルオン》・金化《キムファ》・平康《ピョンガン》を結ぶ鉄の三角地帯での激戦ほかは割愛しました。これと同時に割愛したのは金日成と李承晩の若年時代です。この二人の出生と生活環境については拙著『スターリンの原爆開発と戦後世界』（芙蓉書房出版）に詳述しており、重複するため割愛しました。

本書文末に掲載した休戦協定書ほかの参考資料について補足しておくと、朝鮮戦争・休戦協定は《①協定書本文》《②付属協定書》《③地図》という三文書で構成されており、付属協定書は《中立国捕虜送還委員会に関する付託条項》と《休戦協定補足のための暫定的合意》という二つの文書から成り立っています。なお、地図は《https://catalog.archives.gov/id/7062614》というＵＲＬをインターネット参照していただかねばなりません。

それから朝鮮半島の様相を理解する上で、休戦協定書に次いで重要な位置付けにあるのは米韓相互防衛条約であり、このため米韓相互防衛条約は参考資料として全文掲載しました。なお参考資料として掲載はしていませんが、米韓条約同様に重要なものはソ朝友好協力相互援助条約と中朝友好協力相互援助条約の存在で、前者はソ連崩壊で失効消滅し、二〇〇〇年に軍事同盟条項を削り取った形でロ朝友好善隣協力条約が締結され、後者は現在も以前通り軍事同盟として健在です。

朝鮮戦争休戦交渉の実像と虚像　目次

まえがき　1

第一章　ソ連大使マリクの休戦提案――9

1　休戦交渉・前哨戦……9
（1）マッチポンプ　9
（2）ミグ戦闘機と李承晩からの衝撃　13
（3）会議場は開城　21

2　中朝共産側交渉術の正体……35
（1）会話、成り立たず　35
（2）三本の線　42
（3）パンチボール山岳戦　50

3　板門店……59
（1）軍事境界線をめぐる攻防　59
（2）休戦監視体制をめぐる攻防　69

第二章　長期化した休戦交渉　79
1　捕虜をめぐる攻防……79
（1）任意送還か否か　79
（2）無視されたトルーマン声明　88
2　巨済島事件……95
（1）新任国連軍司令官クラーク　95
（2）ジョイ提督、退任　105
第三章　変化した潮目　113
1　トルーマンからアイゼンハワーへ……113
（1）国務長官ダレスの勧告　113
（2）李承晩の東京訪問　119
2　瀬戸際外交……127
（1）李承晩は理解不能　127
（2）裏切りという名の大博打　146

3　**休戦協定成立**……………… 163
（1）ねじ伏せられた北進　163
（2）消え去った政治会議　172

あとがき　187

《参考資料》
休戦協定（全文）　195
付属協定書　中立国捕虜送還委員会に関する付託条項　216
付属協定書　休戦協定補足のための暫定合意　221
米韓相互防衛条約（全文）　224
関連年表　226

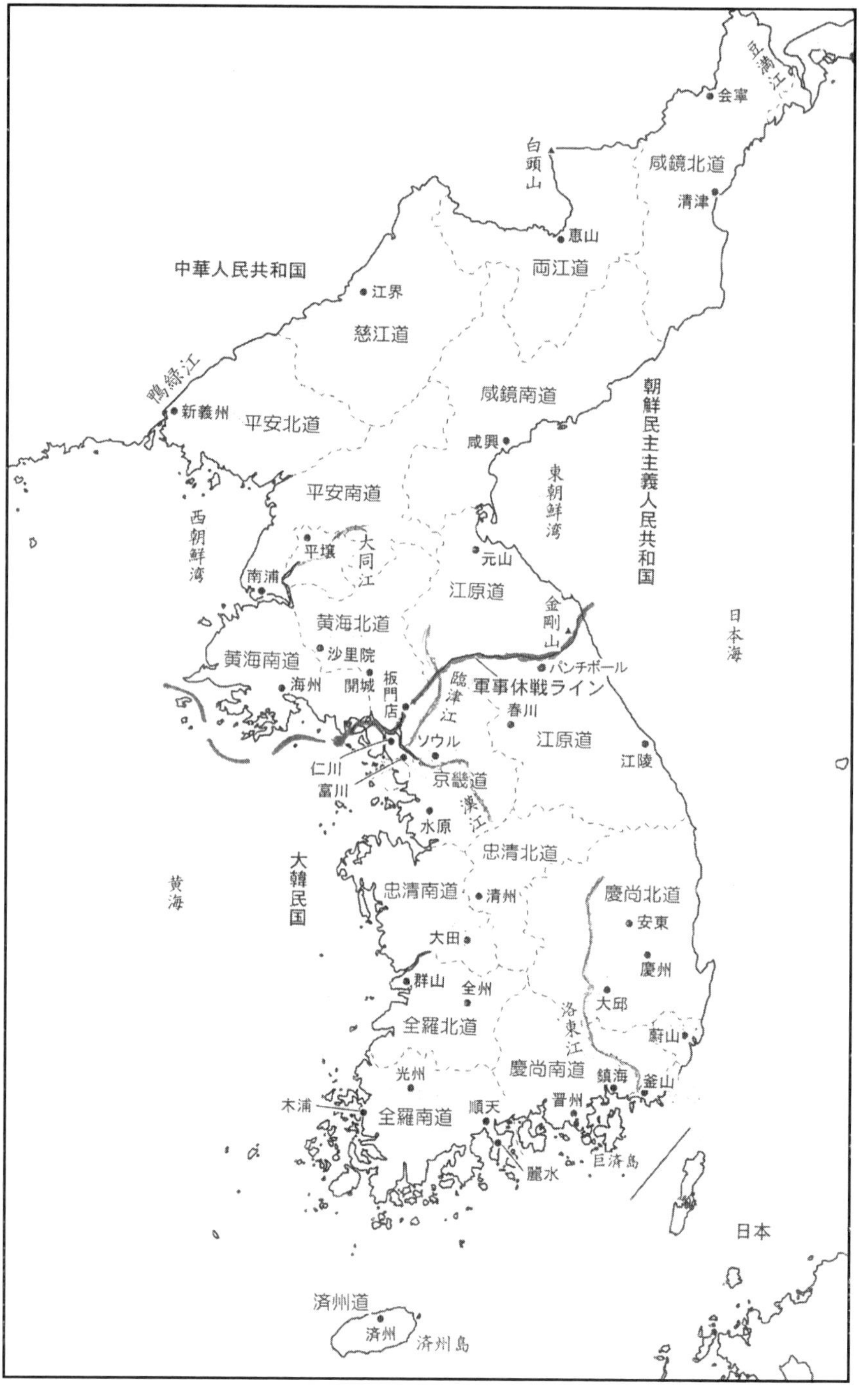

豆満江
会寧
白頭山
咸鏡北道
清津
恵山
両江道
中華人民共和国
江界
慈江道
鴨緑江
咸鏡南道
朝鮮民主主義人民共和国
新義州
平安北道
咸興
東朝鮮湾
平安南道
西朝鮮湾
平壌
大同江
元山
南浦
江原道
金剛山
日本海
黄海北道
沙里院
黄海南道
パンチボール
海州
開城
板門店
臨津江
軍事休戦ライン
春川
ソウル
江原道
仁川
富川
京畿道
江陵
漢江
水原
忠清北道
大韓民国
黄海
慶尚北道
忠清南道
清州
安東
大田
慶州
群山
全州
大邱
洛東江
全羅北道
蔚山
光州
慶尚南道
鎮海
釜山
晋州
木浦
全羅南道
順天
巨済島
麗水
日本
済州道
済州
済州島

第一章
ソ連大使マリクの休戦提案

1　休戦交渉・前哨戦

(1) マッチポンプ

一九五〇年六月二十五日早朝四時、大暴風雨の中、北朝鮮軍は三十八度線を越えて韓国領になだれ込み、かくして朝鮮戦争が始まった。

朝鮮戦争の点火ボタンを押したのは金日成だが、この北朝鮮人トップを操ったのはスターリンである。当初ソ連の独裁者は、朝鮮半島を我が物にしようと前のめりになっている金日成を危ぶんだ。そこで独裁者は「ミグ戦闘機ほか最先端兵器を大量に供給してやる」と毛沢東に持ち掛け、そのかわり金日成の計画が失敗した時には、中国人民志願軍三十四万を朝鮮半島へ投入しろとささやき、毛沢東にウンと言わせた。かくしてスターリンは中国という損害保険証書を手に入れ、躊躇なく金日成に三十八度線突破のGOサインを出したのだ。

金日成が仕掛けた不意打ちは完全に成功。

金日成主席（北朝鮮）

彭徳懐将軍（中国）

八月に至り、アメリカ軍と韓国軍を主力とする国連軍は浦項《ポハン》、氷川《ヨンチョン》、大邱《テグ》、昌寧《チャンニョン》、馬山《マサン》、釜山《プサン》の線を結ぶ、広さ滋賀県ほどの三角地帯に追い込まれた。《釜山橋頭堡の戦い》というこの攻防戦は、丸三年に渡る朝鮮戦争を通じ金日成が最も強力だった時のもので、北朝鮮軍にあともう一押しの余力があれば、国連軍は間違いなく釜山の海に蹴落とされていた。だが金日成は仁川《インチョン》で手ひどい罰を受け、北朝鮮軍は息切れし、これ以後、空気が抜けた風船のように萎えしぼみ、二度と戦場を支配することは無かった。あっけなく壊乱した北朝鮮軍は恥も外聞もなく逃げまどった挙句、ゲリラ活動に重点を移すため中朝国境に沿う妙香山《ミョヒャン》系と狄踰嶺《チョギョリョン》山系の暗がりの中に消えた。

国連軍巻き返しの転機となったのは、危険な賭けと悪評紛々の仁川上陸作戦だった。マッカーサー元帥が強引に「やる！」と押し切った仁川作戦は大成功をおさめ、国連軍はソウル奪還後、その勢いを駆って平壌を占領し、一足先に鴨緑江へ達した韓国軍斥候隊は、その大河の水をビンに詰め、李承晩大統領に届けた。李承晩の欣喜雀躍《きんきじゃくやく》は言うまでもない。しかし、その直後の十月十九日、中国人民志願軍司令員・彭徳懐《ポン・ドーファイ》率いる三十四万は、夜間、隠密裏に鴨緑江を渡り、その後、哨戒機に存在がばれぬよう地を這って国連軍に迫り、人海戦術にものを言わせて敵を圧倒。人津波となって半島を南下し、ソウルは再び中朝共産軍の手に落ちた。そして国連軍司令官はマッカーサー元帥からリッジウエイ大将に代わり、その結果、ソウルは再び国連軍の手に戻ったが、中国人が参戦して以降、朝鮮戦争は三十八度線周辺での凄惨な消耗戦となり、がっぷり四つの膠着状態に陥った。

戦場に別の風が吹いたのは北朝鮮軍の乱入から一年後となる一九五一年六月二十三日土曜日のことで、このときニューヨークに派遣されていたソ連のマリク国連大使は国連協賛のラジオ番組の中で次の発言をした。

「我々ソ連人民は朝鮮半島の紛争が平和裏に解決できると見ており、そこで国連軍と中朝同盟軍は休戦交渉に入るべきだと提案したい。交戦当事者は互いに軍を後退させ、休戦交渉中は偶発的な銃撃戦が起きぬよう、最前線に沿って幅数キロの非武装地帯を設けるべきだ。もしも双方が心底紛争の終結を願っているならば、この提案は歓迎されるに違いない」

朝鮮戦争は一から十までスターリンがデザインした共産圏拡大という野望の産物である。だからスターリンから見れば三下奴《さんしたやっこ》にすぎないマリクの発言は、これほど白々しいマッチポンプはそうざらにあるものではない。だがアメリカは朝鮮半島に大量投入された中国共産軍の出現に驚き、第三次大戦をこの世に呼び出してしまうことを恐れ、そういうタイミングで飛び込んで来たのがマリク提案だったから、トルーマン大統領は「二万一三〇〇名が戦死[*1]した朝鮮でこれ以上アメリカ人の血を流す価値は無い！」と考え、マリク提案を渡りに船と歓迎した。

マリク声明から四日後の六月二十七日、国連軍と中朝共産軍は交渉団を休戦会場に派遣すると決定したから、六月三十日、統合参謀本部議長ブラッドレー元帥は訓電番号ＪＳＣ-９５３５４で次の通りリッジウェイ将軍に命じている。

①休戦会議の議題は朝鮮半島の軍事問題に限定のこと。政治的な、あるいは領土的な問題を休戦会議

のテーマにしてはならない。特に共産中国は蒋介石台湾、すなわち中華民国が握っている国連安保理常任理事国の座をめぐって交渉を仕掛けるだろうが、絶対に話に乗ってはいけない。

②休戦ラインは三十八度線の北側二十五キロにあるワイオミング線[*2]と中朝国境線（鴨緑江・豆満江）の中間に定めること。断じて三十八度線を休戦ラインとしてはならない。

③休戦ラインに沿って走る非武装地帯の幅は三十二キロとする。したがって、中朝共産軍は休戦ラインから三十二キロ後退しなければならない。国連軍は休戦ラインから一ミリも後退してはならない。

④休戦協定の実施状態を監視するため、朝鮮半島全域で無制限立入り検査を行う国際赤十字に類似した休戦監視委員会を設立すること」

マリク国連大使

リッジウェイ将軍

これ以外に「交渉官として誰を選ぶかはリッジウェイ将軍に一任される。リッジウェイ将軍自身が交渉者として交渉の場に出ることは賛成しない。また会議冒頭の挨拶にも出るべきではない」「韓国軍は国連軍の一員である以上、交渉の場に出る韓国軍将官についてもリッジウェイ将軍の指名に従わねばならないが、李承晩はそう思っていない。李承晩の動きは要注意である」と言った電文が矢継ぎ早にワシントンから送られてきたが、最初の訓電、すなわちＪＳＣ-９５３５４は、これだけは絶対相手に呑ませねばならないという事項を列挙したもので、そこからは「中朝共産軍はボロボロだ。虚勢を張って抵抗するかも知れないが、必ずこちらの要求をいれる。休戦交渉は十日もあれば片付くだろう」というトルーマン大統領の楽観的気分が透けて見える。

（2）ミグ戦闘機と李承晩からの衝撃

しかし、いかにプラス思考のトルーマンでも、ソ連がドイツ人科学者たちに協力させて朝鮮半島に投入しようとしているＭＩＧ‐15ジェット戦闘機の極秘情報を受けた時は、たいへんなショックだった。その理由は、原爆が物理的に使えないと分かったからだ。すでに大統領は、「原爆を満州あたりに落とせば話は簡単だが、それをやると収拾がつかなくなって、第三次世界大戦を引き起こす」と勧告されていた。だが今回もたらされたミグ戦闘機についての報告にはビックリ仰天する情報があった。すなわち、ソ連原爆実験成功（一九四九年八月二十九日）の前月にモスクワで公開飛行となったジェット戦闘機ミグはアメリカが掌握している朝鮮半島の制空権を危うくするに足る脅威となるだろう。幸いアメリカはミグ戦闘機よりも優れたＦ‐86セイバーを一九五〇年末には第一線投入できるので、朝鮮半島の制空権は維持できるだろう。しかしセイバーはすぐに燃料を使い果たす欠点があり、長距離飛行はできない。Ｂ‐29は高高度長距離飛行が売りだから、金浦《キンポ》空軍基地から飛び立って、例えば北京まで軽く往復できる。だがその場合、足の短いセイバーを護衛につけることは出来ない。セイバー無しでＢ‐29が鴨緑江を越えればたちまちミグの餌食になる。こういう次第で原爆は中国の軍事拠点に落としたくとも落とせないことが明らかになり、これもトルーマンがマリク提案を受けた理由の一つになっている。

ミグ戦闘機が発した衝撃波とはまったく別種の不快な衝撃波が疎開先の釜山にいる李承晩からトルーマンとリッジウェイのもとに届いた。李承晩[*3]は、何の相談もなくトルーマンが休戦交渉に舵を切ったと聞かされて激怒し、「腰抜けトルーマン！」と罵って、本当に年端のいかない子供のように地団駄踏んで癇癪《かんしゃく》の発作を起こした。この時、李承晩七十六歳。リッジウェイはその狂態を聞かされて、幼児退行という脳内異変を疑ったが、大統領と一緒に釜山へ疎開したアメリカ大使ムチオから、これが韓国大統領の素顔だと聞かされ、びっくり眼《まなこ》になっている。

おんぶに抱っこでアメリカに大韓民国を作ってもらい、当然のように涼しい顔で大統領に就任した李承晩はアメリカにとって頭痛の種だった。現に、「よこしまで情緒不安定、冷酷で腐敗し、救いがたいお天気屋」と公文書に残したアメリカ軍高官（軍政官）もいる。

李承晩大統領（韓国）

病的に自己を過大評価し、身勝手で異論を認めない李承晩だったから、休戦交渉と聞いて、怒り狂った。なぜ憤怒の発作を起こしたかというと、この暴君は金日成を処刑し、共産主義者を一人残らず逮捕するまで、戦争は断固継続を主張していたからだ。かくして李承晩は、六月三十日、例によって無駄に長い傲慢なレターをリッジウェイに送りつけたが、要約すればそれは次の六点、すなわち①中国共産軍を鴨緑江の北側に即時撤収させること、②三十八度線と鴨緑江の間に居る北朝鮮軍は完全に武装解除のこと、③金日成とその一派を　軍事裁判の上、極刑に処すこと、④ソ連および共産中国は朝鮮半島にいっさい手を出さぬこと、⑤大韓民国を国連加盟国に迎えること、⑥共産主義者が大韓民国を脅かす事態が少しでも表面化したなら、国連軍は即刻これを粉砕すること。以上六つに絞り込める。

「李承晩氏の出した素っ頓狂な六か条については後から聞きました」

そう語ったのは顧問として休戦交渉を最初から最後まで見届け、後日、その体験を『板門店』という一冊にまとめた心理学教授ウィリアム・ヘンリー・バッチャー（当時三十一歳）だった。

「李承晩六か条はアメリカを戦争継続に引きずり込もうとする身の程知らずの要求です。これがワシントンでどのように扱われたのか私は知りません。多分、無視されたでしょう。そのかわり、ムチオ駐韓大使は李承晩氏を宥めるために苦労した筈です。それがあの大使の仕事でしたから。

さて、李承晩という雑音は脇に置き、六月二十九日金曜日、リッジウェイ将軍は休戦交渉の場所をソウルないしユトランディアではどうかとラジオで打診しました。ユトランディアですか？　これは元山《ウォンサン》港外に投錨していた総トン数八四五七トン、病床数三五六のデンマークの病院船のことです。しかしソウルもユトランディアも金日成からあっさり蹴られました。そして七月三日、場所だけは中朝共産軍占領下の開城《ケソン》になりました。休戦会議に際し、アメリカ最初の失敗は開城で良し、と折れてしまったことです。ともあれこれが決定すると国連軍はソウル西北四十五キロの場所にある汶山《ムンサン》郊外のリンゴ畑の中にベースキャンプを設営しました。ついでながら、臨津江《イムジンガン》を挟んで汶山の北西二十キロに板門店があり、そして中朝共産軍の交渉団が居る開城は板門店から西へ十二キロの地にありました」

汶山のベースキャンプは最初の内こそ大小さまざまな軍用テントだったが、交渉が長引くにつれ、通常の木造建築物となり、周囲には医療ヤンター、映画館、ミュージカル劇場、野球場など各種厚生施設が整い、その結果、リンゴ畑は消え、あたりはちょっとしたアメリカ風の街並みに変わっ

バッチャー教授

た。当然ながらこの中には毎度お馴染みのキーセンハウスもある。

さて、休戦への歯車が動き出し、連絡将校が北朝鮮軍と初接触した七月八日も、停戦（cease-fire）は話し合われていない。通常、停戦は限られた戦場で一日かそこら敵対行為を中止するためのものであり、主に戦死者を回収するために締結されることが多い。その上で休戦（armistice）という全戦線に渡る敵対行為中止の協定を締結し、次のプロセスで政治会議となり、領土問題や賠償問題が盛り込まれた講和条約（Peace treaty）を締結する。だが朝鮮戦争の場合、一度として停戦については話し合われず、休戦交渉へ突入した。

なぜ停戦合意を経ないで休戦交渉に突入したのだろうか？

その理由はケナンの助言に触発され、意図的にアメリカが停戦合意を割愛したからだ。国務省におけるソ連の専門家ケナンによれば、「ソ連と同じ共産主義の中国と北朝鮮は原理原則偏重が過ぎるため会話が成立しない。かつ、約束をいとも軽々と破る。こういう国と交渉しても、会話にならないだろう」とあり、かくしてアメリカは「停戦合意は無し。敵対行為を継続しつつ休戦交渉を行う。余りに聞きわけが悪い時には武力行使」という二の矢を隠し持って交渉に臨んだ。

「共産軍連絡将校三名と国連軍連絡将校六名[*4]が最初にフェイス・ツー・フェイスで接触したのは七月八日、開城でのことでした。この地で会議開催日ならびに随行員の数、汶山から開城までの移動手順など、もろもろの事務レベル調整を行うのです。

当日、私たちはヘリコプターで汶山から飛び立ち、臨津江を越え、開城上空に到着し、そのまま数分、空爆の痕も生々しい瓦礫の上でホバリングし、共産軍の連絡将校を乗せた車両が現れるのを待ちました」

だが共産軍の連絡将校は現れない。そこで今度は大きく旋回をしてみると、開城の北のはずれに航空機を誘導する白いパネルがある。そこを目指してヘリコプターを着陸させた。この時、使用したヘリは《チカソー（米先住民部族の名前）》という呼び名のシコルスキーH‐19型であり、この珍奇な乗り物は共産圏には無かったから、駐機場をびっしりと取り囲んだ共産軍兵士の群れはチカソーに釘付けだった。

「午前九時三十三分、張春山《チャン・チュンサン》大佐という北朝鮮軍の連絡将校が男女一名ずつの通訳を伴って着陸した私たちの前に現れ、双方の身分確認が終わると、国連軍が遺棄したポンコツ・ジープで私たちを丘の上にある石造りの家（旅館・人蔘荘）に案内しました。この建物は国連軍交渉団の休息所として接収されたもので、就寝用のベッドも置かれていましたが、ひどく居心地が悪い休息所で、とても長居できるようなものではありません。次に張大佐は私たちを再びジープに乗せ、休戦交渉の会議場となる茶亭に連れて行きました。この茶亭は李賢在なる人物が所有していた来鳳荘という三階建ての頑丈な塔を持つ西洋館です。茶亭に入ると、私たちはレセプション・ルームに通され、ここで一服した後、張大佐は塔の中にしつらえた階段を上って私たちを二階に案内しました。ここには会議場があり、殺風景なこの部屋は殺風景で、さびれたダンスホールのようでした。中に入るとそこには濃い緑色の布で覆われた長テーブルがあり、向かい合わせで座れば二メートル半の位置に交渉相手の顔があると言う代物です」

張大佐は愛想よく会議場の案内につとめていたが、ひとたび実務レベルの調整に入った途端、それがどれほど些細なことであれ、イエス・ノーをはっきりさせず、横着な態度を貫いたから、アメリカ人たちは気分を害し、そして、これぞ共産主義者のやり方らしいと観て諦めた。しかしこれはまやかしであり、アメリカ人たちは一杯食わされたのだ。ちなみに、意思決定や意見陳述はまっぴらごめんという張大佐の言動所作はおおむね次のような調子である。

「休戦会議の開始日は七月十日でＯＫですか？」とキニー大佐。

「ＯＫかどうか私には回答できません。決定出来るのは朝鮮人民軍最高司令官の金日成将軍と中国人民志願軍司令員の彭徳懐同志です」と張大佐。

「七月十日から十五日の間に会議スタートＯＫとそちらから回答がありました。そこで開始日スタートは十日でよろしいかと訊いているのですよ」

「この場で回答はできません」

「行き違いがあるようだ。そちらは金日成将軍と彭徳懐将軍の連名で『会談場所は開城、七月十日から十五日に国連軍代表団と会う準備をする』とラジオ放送した。そこで日程を確定するために我々はここにいるのですよ。そのための連絡将校同士の実務者会議ではありませんか？」とキニー大佐。

「私はあなたの要求を聞いて、それをトップに伝えるだけです」と張大佐。

「聞き方が悪かったようだ。交渉開始日はいつにしたいのですか？　十日？　十一日？　それとも十二日ですか？」

「私にそれを決定することはできません」

「…………!?　それでは決定権のある人に伝えてください。国連軍首席交渉官ジョイ提督以下の交渉団は七月十日午前十一時に開城へ到着し、会議に臨みたい、と」

「わかりました。そのように上申し、本日午後九時までに私は板門店へ返事を持って行きます」

連絡将校同士の締まりのない最初の接触は午後四時四十分に終わった。そして張大佐の言った通り、休戦会議開始は七月十日火曜日午前十一時とする旨の回答を板門店に持参し、中朝側交渉メンバーの陣容も次の通りこの時にはっきりした。

南　日《ナム・イル》首席交渉官（朝鮮人民軍中将／三十八歳）、李相朝《リ・サンジョ》次席交渉官（朝鮮人民軍少将／三十六歳）、張　平　山《チャン・ピョンサン》交渉官（朝鮮人民軍少将／三十六歳）、鄧　華《トウンファ》首席交渉官（中国人民志願軍中将／四十一歳）、解　方《ティエファン》次席交渉官（中国人民志願軍少将／四十三歳）。

いっぽう国連軍の交渉官は次の通りである。

チャールズ・ターナー・ジョイ首席交渉官（米海軍中将／五十六歳）、ヘンリー・アービング・ホッジス次席交渉官（米陸軍少将／五十二歳）、ローレンス・カービー・クレイギー交渉官（米空軍少将／四十九歳）、アーレイ・アルバート・バーク交渉官（米海軍少将／五十歳）、白善燁《ペク・ソニョプ》交渉官（韓国陸軍少将／三十一歳）。

中朝共産軍のスタンスが分からない内に始めた休戦交渉を目前にし、リッジウェイ将軍は訓電四項（ＪＳＣ-９５３５４）をベースに、相手と討議すべき協議事項九項目[5]を用意し、その上で首席交渉官ジョイ提督に交渉を委ねた。

会議前日、ジョイ提督は連絡将校や通訳および事務方を含む全交渉団を集めた席で「成功か失敗か。休戦交渉の成否は我々の誠実な言動にかかっている」と語った。つまり提督は海軍流のジェントルマンシップをもって交渉を進め、協定締結に持って行こうとしていたのだが、交渉官の一人、白善燁少将はこれをひどく警戒し、ジョイ提督が信奉する紳士的な態度は危険だと言った。白少将は自分の同族が舌先三寸を

中朝の交渉官　左から解方少将、鄧華上将、南日中将、李相朝少将、張平山少将

国連軍交渉官　左からバーク海軍少将、クレイギー空軍少将、白善燁韓国軍少将、ジョイ海軍中将、リッジウェイ大将、ホッジス陸軍少将

もって思いを遂げようとする時、その民族性がどれほど苛烈でふてぶてしく、手に負えないか、提督は知らな過ぎる。ジェントルマンシップは止めたほうがいい。提督はいいカモになると忠告した。白少将は話を続け、「北朝鮮の連中は討議を繰り返す内に興奮して矛盾したことを言い出すけれども、論旨がどれほど滅茶苦茶になろうと、自分は正しいと言い張り、辻褄を合わせようと平気で嘘をつく。すると嘘が嘘を呼び、収拾がつかなくなる。だが、そんなことは意に介さない。平気で論点をずらし、稚戯に等しい嫌がらせで相手の動揺を誘い、自分の土俵に引っ張り込んで、勝つことに執着する。中でも大声で相手を恫喝する《聲討《ソント》》は想像すらできないだろう。そういう人間をジョイ提督は相手にしなければならない。それからこれだけは忘れずにいて欲しいものだが、中朝共産軍の奴らは礼儀を譲歩とみなし、譲歩を弱さと取る。だから交渉時に上品な婉曲表現を使うのはやめたほうがいい。白か黒か、子供でもわかる露骨な言葉づかいに限る。それから、奴らはどういう場合でも、必ず相手に責任を押しつけ、自分を被害者に仕立てる。お前のせいでこうなった、どうしてくれる、と来る。また、自分が一歩後退する時でも、必ず次に二歩前進するための布石を打つ。これが中朝共産軍の手口だ。だから我々が不用意に一歩後退すれば、奴らはすかさず三歩進んで来る。ギブ・アンド・テイクという麗しい心遣いは無い。常に総取りをねらって来る」と諫言した。

（3）会議場は開城

会議初日、チカソー・ヘリで開城に向かうジョイ提督以下の交渉メンバーとは別に、バッチャーを含む事務方はジープを連ねて開城に向かった。汶山を出発したジープの一行は、板門店を出、共産圏に入ると同時に、ジープに白旗を揚げ、腕には白い腕章をつける。その後、ジープは共産軍の兵隊を満載したトラック三台に前後を挟まれて開城に向かったが、共産軍の撮影隊が待ち構えるカメラの放列の前に来ると、トラックの兵隊は勝ち誇り、嬉しそうな顔でバンザイをした。開城の駐機場に降り立ったジョイ提督ら交渉官五人も白腕章に白旗ジープで休戦会議場（来鳳荘）に向かったが、この時もトラックに前後を挟まれて移動。またしても共産軍のプロパガンダ撮影に利用されている。

「会議場を開城にしたことが失敗でした。勝者と敗者がすり替わり、私たちはいつの間にか敗者に成り下がっていたのです。明日になれば国連軍が降伏し、和を乞うかのようなニュース映画がプロパガンダ・アナウンサーの煽動的なトーク付きで全世界にばらまかれ、洗脳されて付和雷同の衆愚と化した中国、朝鮮の民衆には無理なく浸透して行くでしょう。共産主義者は教育という名の洗脳を重視しているため、平気で事実を捻じ曲げます。自由主義陣営にとって事実歪曲は犯罪ですが、共産主義者にとってはごく当たり前の行為なのです。

さて、ジョイ提督率いる交渉団がヘリで開城に着陸すると、北朝鮮応接委員に迎えられ、ジープで丘の上の石造りの家、すなわち休息所（人蔘荘）に案内されました。一昨日、張大佐に伴われて私たち連絡将校がここを訪れた時と違うのは、入り口で自動小銃をかまえた門衛が提督一行を鋭い目つきで監視している点です。十時四十五分、交渉団は再びジープに乗せられ、会議場（来鳳荘）に向かいました。道の両側には自動小銃の共産軍兵士が数メートル間隔で立っており、私たちはまるで捕虜でした。

会議場に着き、定刻十一時ジャスト、ジョイ提督率いる国連軍交渉メンバーと南日中将率いる中朝共産軍交渉メンバーはレセプション・ルームで初の対面となりましたが、この時、交渉官たちは敬礼も握手もしません。互いに堅苦しく、かすかに小腰をかがめる程度の会釈で応じました。ともあれ共産主義者はみな若い。ジョイ提督五十六歳に対し、南日中将は三十七歳、鄧華中将は四十一歳です。ところで服装は何も取り決め無しでしたから、国連側は上着なしの夏季戦闘服に略　式　帽《ギャリソンキャップ》。ジョイ提督だけは海軍中将の制帽で臨み、中国軍もまったく気取らないよれよれの通常戦闘服でしたが、北朝鮮軍は礼装軍服着用で、長靴に乗馬ズボン、そしてベタ金肩章の上着はソ連軍のデッドコピーといった感じであり、唯一戦闘帽だけは独特のケピ帽でした」

進行係を務める張大佐の誘導で双方の交渉官は信任状を交換し、次いで大佐は、会議に先立ち、三人の首席交渉官からお言葉を賜りたいと言って南日中将に発言をうながしたが、とっさの間、ジョイ提督が「それでは国連軍を代表して私からひと言ご挨拶申し上げる」と言って、少々強引にスピーチを始めている。提督がそのようにしたのは、最初の一声は勝利者が発するものという儒教文化を白少将から聞いていたからで、共産主義者の宣伝材料になることを避けようとしたからだった。ともあれ、提督のスピーチは統合参謀本部からの訓令を慎重になぞるものとなっていたが、加えて、「自分は誠意をもって会議に臨む。また自分には朝鮮半島における軍事問題のみを協議する権限はあるが、それ以外の政治的あるいは経済的諸問題についての協議権限は無い。また、たとえ休戦協定が締結されようとも、新たに創設される軍事休戦委員会（the Military Armistice Commission）が朝鮮半島全域で無制限立ち入り検査を行うなど、権威ある休戦監視体制が具体的に動き出すまでは、撤退も武装解除もしない。すなわち敵対行為は、休戦合意が成立し、監視体制が運用レベルに到達する時まで、休戦交渉のための中立ゾーンを除き、すべての領域で継続される」と述べて発言を終えた。すると南日中将は次の通り、撤退も武装解除もしないと言うジョイ発言を完全に無視した所信表明を行っている。

「平和を愛する世界中の人民の味方、朝鮮民主主義人民共和国は、マリク国連大使がラジオ放送した提案、すなわち国連軍と中朝同盟軍は三十八度線から互いに兵を後退させ、休戦会談を行い、この戦争を一刻も早く終わらせるべきだという提案を熱烈に支持している。また、我々は三十八度線から外国軍が撤収しなければ、休戦実現は出来ないと心底思っている。よって我々は三つの提案をする。

①相互の合意に基づいて、中朝同盟軍と国連軍はすべての敵対行為を停止しよう。すなわち陸軍は砲撃と銃撃をやめ、海軍は艦砲射撃をやめ、空軍は空爆と偵察をやめるのだ。そうすれば彼我双方の人命と財産の損失を減らすだけでなく、朝鮮での戦争再発防止への第一歩となるだろう。

②その上で彼我双方の軍隊は三十八度線から十キロメートル後退し、この後退で空白となった土地を非武装地帯としよう。すなわち三十八度線が軍事境界線だった一九五〇年六月二十五日以前の状態に戻すのだ。そして敵対行為の停止と三十八度線に沿う非武装地帯についての約定が成立したなら、すみやかに捕虜交換について話し合い、さまざまな国の捕虜が故郷に戻り、家族と再会できるようにしよう。

③すべての外国の軍隊は即刻朝鮮の地から撤退しなければならない。我々は、戦争を一刻も早く平和的解決に導かねばならないと望んでいるが、それは外国軍の撤退が実現してこそのものだ。

私はこのたびの会議において、協議事項となる広範囲なテーマが合意に達することを願ってやまない」

このように述べて、南日はスピーチを終えたが、この時点での最前線は三十八度線ではなく、三十八度線から二十五キロ北側のワイオミング線である。それにマリク大使はラジオ発言で、「最前線に沿って非武装地帯を設けるべきだ」と言っただけで、三十八度線にはまったく言及していない。国連軍交渉団の中にざわめきが起こったのは、最前線は三十八度線であるかのような印象操作に不快の念が生じたからだ。

南日の次に中国人民志願軍の鄧華中将が立って、南日に強く同意するという紋切型スピーチを終え、前哨戦もどきの三人のスピーチが済むと、交渉メンバーは殺風景な会議場に入室し、そして騒ぎが起きた。

ジョイ提督は自分たちの座る椅子がやけに低いことに気付いた。その椅子に座れば卓の上に自分の顎が乗っかるような形になる。このまま提督率いる交渉団が着席してしまえば、国連側五人は南日たちを勝利者として見上げ、卑屈な姿で対座することになるのだ。そこで提督は、白少将から受けていたアドバイスに従い、躊躇せずにクレームをつけた。

「こういう非礼にはなかなかお目にかかれない。速やかにまともな椅子を用意してもらいたい。それから中朝両国では南を背にする者は敗者、北を背にする者は勝者という決まりがあると聞いている。この会場で我々は南側を背に着座し、北側を背にした共産軍と相対する形になるようだが、我々は敗者ではないし、共産軍も勝者ではない。座席位置を南北ではなく東西方向に変更するのが穏当というものだ。よろしくお願いしたい。準備が整うまで我々はレセプション・ルームにいる」

会議場の椅子と座席位置は提督の要求が容れられたが、次に中朝側は国連軍のテーブル・フラッグよりも数まわり大きな北朝鮮と共産中国の旗を会議机の上に置いた。

――稚戯に等しい真似とはこれか！

ジョイ提督は呆れたが、これ以上クレームをつけるのは大人げないと旗の存在を無視して着席し、公式文書としての《協議事項九項目》を提示。これに説明を加えて発言を終えると、すかさず南日が反論した。

「この会議は朝鮮での戦闘停止に関わる諸問題を調整し、休戦合意への筋道をつけることが最重要課題だ。そこで国連軍交渉団から提示された協議事項リストだが、驚いたことに、ここでは三十八度線について何も触れていない。私には三十八度線の存在を無視するような国連側の真意がわからない。私は交渉を進めるにあたり、戦争勃発の原因究明を含め、どのような経緯で今に至ったのかをはっきりさせることから始めたい。我が国は殺人鬼（李承晩のこと）が煽った越境という軍事的挑発の被害者であり、奴さえいなければ戦争など起こりようはずもなかった。国連側が三十八度線を無視するのは、李承晩についての認識が間違っているからで、私はそれを正常に戻すことから始めたい」

　ジョイ提督は自分が冒頭の挨拶スピーチで、討議テーマは軍事問題に限定すると釘をさしたにも関わらず、それが無意味だったことにショックを受けた。南日はジョイの発言などどこ吹く風で、強引に相手を政治問題へ引きずり込もうと仕掛けてきたのだ。

　南日の発言に応酬したのは提督の隣に座っていたホッジス次席交渉官だった。ホッジスは、北朝鮮軍単独では木っ端《こっぱ》微塵《みじん》となっていながら、南日がこのように強気なのは失うものが何も無いせいだと結論付け、次のように冷たく切り返している。

「不意打ちという卑劣な手段で戦争を引き起こし、そして今や形勢不利の共産主義者が戦争など無かったことにして三十八度線に戻れとは、ふてぶてしいにもほどがある。見え透いた悪質な論点ずらしだ。それから休戦を協議する上での古今東西の常識は現時点の最前線に沿って非武装地帯を作ることになっている。ところが共産主義者は一切を戦争勃発以前の状態に戻し、その上で交渉しようと主張する。となれば、これは軍事問題ではなく政治問題だ。共産主義者は弱い立場にいると言うのに、軍事問題に限定するという我々の大前提を無視するつもりかね？」

結局、初日の会議は国連側の《協議事項九項目》と中朝側の《協議事項五項目》[6]を交換して終わった。会議初日から国連側も中朝共産側も、まさに両手いっぱいの要求をぶつけたから、当然物別れに終わっている。しょせん交渉とはそういうものと承知していたジョイ提督は、別に悲観することもなく、明日第二回目会議の集合時間は午前十時を約束し、午後六時十五分に解散した。なおこの日（初日）のことどもを細大漏らさず目撃したバッチャーは一日が終わった後のことを次のように語っている。

「南日将軍の耳ざわりな恫喝口調に、国連側交渉団はうんざりしていました。南日の長広舌が続いている間、白少将は自分のことを李承晩の犬とかアメリカの手先と小声でののしる北朝鮮側陪席者の私語がわかったので非常に憤慨していましたが、ここは我慢と、黙ってその連中を睨み返しました。

三十八歳だった若年将軍《ボーイ・ジェネラル》の南日[7]は身長一八二センチ。ほっそりした体形で、圧倒的な支配力のオーラを放ち、カミソリのように鋭利で抜け目がなく賢そうな男です。容貌は面長で彫りが深く、鼻筋はすっきりと通り、大きな二つの目は非常に表情豊かで、東洋人にありがちな何を考えているのか分からない顔つきとはまったく異質。これが南日についての第一印象です。もう一つ、この人は琥珀のシガレットホルダーを手放したことが無く、チェーンスモーカーの南日は薪をくべるようにロシア・タバコに火をつけ、絶え間なく紫煙をふかしていました。

南日将軍（右）

私は北朝鮮の高級軍人が話すのを見たのは初めてでしたから、南日の激昂口調にびっくりしました。しかし、白少将は、大したことはない、あんなのは普通で、連中が本気で《聲討《ソント》》をかまして来たら気でも狂ったかと思うだろうと言いました。

中朝共産側と国連側は会議初日から非武装地帯をどこに置くかで猛烈な鍔ぜり合いを演じましたが、それとは別に《通行規制》と《西側報道陣シャットアウト》という二つの出来事が問題になりました。この日、会議は昼食をはさんで午後四時まで休憩となり、この間、丘の上の休息所（人蔘荘）に戻ったジョイ提督はこれまでの経緯をリッジウェイ将軍に報告するため伝書使《クーリエ》を送りました。しかし伝書使を乗せたジープはヘリコプターが待機する駐機場へ行き着く前に検問所で停止させられ、強制的に人蔘荘へ戻されたのです。午後四時、会議が再開されると、提督はこの措置に抗議しようとしましたが、『開城・板門店間の街道で国連軍の伝令がむやみやたらと動き回っているので、我々朝中同盟軍はこれを規制する』と南日に機先を制され、唖然として声を失いましたが、代わりにホッジス少将が『通行規制とは非常識もはなはだしい。どこの世界に休戦協議中の相手国伝書使を妨害し、逮捕連行までする国があるか！　それとも共産主義者はそれが当たり前なのか？』と荒々しく抗議しました。そして今度は提督が『伝書使の街道自由通行については再考願いたい。それからもう一つ。記者、カメラマン、ニュース映画撮影技師など二十名の報道関係者を帯同することについて了解願いたい。この休戦交渉は全世界にとって非常に重要な出来事になっており、国連加盟国の目と耳の役目を担う報道関係者が開城に来て取材

ジョイ提督

することは我々の当然の権利である。以上二つの事項について善処されたい』と述べました。すると南日は『両方ともトップの判断事項だ。即答はできない』と応じ、提督は『それではトップの了承を得てもらいたい。良い回答を期待する』と言って、本来の議題に戻り、午後六時十五分に解散しました」

翌十一日午前十時、第二回目の会議に臨んだジョイはいつまでたっても南日が街道自由通行と報道陣の件に言及しないので、「例の件はどうなったか」と訊いた。すると南日は、「目下、中国人民志願軍司令員・彭徳懐に請訓中。それ以上のことは話せない」とあり、そこで提督はリッジウェイ将軍から託された声明を読み上げた。声明文の宛先は金日成と彭徳懐で、内容は「街道自由通行と報道関係者二十名について満足のいく回答が中朝側から得られない場合、会議を中止する！」とたたみかけており、その詳細は

①開城・板門店街道の使用については、いかなる制約も受けることのない無制限使用であること。

②開城から半径十二キロメートルを中立地帯とし、その東端の板門店も中立地帯とすること。この中立地帯に立ち入る人間（例えば交渉団）の携帯する武器は拳銃程度の小型武器であること。

③会議場から半径八〇〇メートル以内は武器携行禁止とすること。

④報道関係者二十名の帯同を認めること。

という四つに要約される。

提督は声明を読み上げ、正文を南日に渡した後、「このような環境下で会議を続けることはできない。本日はこれで休会とし、我々は臨津江の南に戻る。会議が再開できるか否かについては、明朝七月十二日七時三十分、板門店での連絡将校同士の談合時に回答されたい」と述べ、十二時二十七分、第二回目の会

議をここで終了し、汶山キャンプに戻った。

翌朝七時三十分、板門店でキニー大佐と張大佐の談合があり、この時も中朝共産側からの回答はゼロのため、引き続き休会。十三日も回答ゼロ。そして十四日午後、「金日成将軍と彭徳懐将軍の名のもとに、開城地区において、リッジウェイ将軍の要求する通行上の公平な取り扱いを承認し、かつ、報道関係者二十名の受け入れを承認する」というラジオ放送があり、十五日早朝六時四十分、キニー大佐は板門店で張大佐から次の通り、ラジオ放送を裏付ける文書を渡された。

「リッジウェイ将軍へ／休戦会議を円滑に進めるため、我々は貴声明文に記載された要求に対し以下五項目の通り同意する。なお、ここで言い尽くせていない細部について行き違いが生じた場合、国連軍交渉団と我々が派遣した交渉団の調整によって行き違いは払拭できるものと考える。
①開城・板門店街道上の敵対行為を停止し、国連軍代表者の通行の自由を保証する。
②休戦会議が続いている間、開城地区は中立地帯にする。
③会議場からすべての武装兵を退去させる。
④報道関係者二十名の受け入れを承認する。
⑤本文書は、非武装地帯をどこに置くかとは無関係である。
我々は答えるべきことはリッジウェイ将軍にこたえた。ついては我々にも注意を喚起したいことがある。去る七月八日の連絡将校同士の打ち合わせの折、国連側は七月十日午前十一時の会議開催を強く迫ったが、それ以外については我々に一任だった。《開城・板門店街道の自由通行》と《報道関係者二十名帯同》という二件は七月十二日午後から約二日半に渡って不本意な休会をもたらしたが、連絡将校同士の打ち合わ

せがあった時、この二件はまったく取り上げられていない。心外なこのたびの休会は、自由通行と報道陣帯同に関わる些細な行き違いが原因であり、三十八度線と非武装地帯関連の問題と比べれば大したものではない。しかし連絡将校の役割は会議運営上の細部について話し合い、調整することである以上、落ち度は国連側連絡将校にあり、安易に休会という措置に出るのはいかがなものか。かえりみれば、国連軍の交渉団が自由通行と報道陣帯同という問題を提起した時、会議は始まったばかりで、議題すら決定されておらず、我々はこのような段階で諸外国の新聞記者が開城に来ることが適切であるとは思っていなかった。特に報道関係者二十名の受け入れという国連軍交渉団の要求に即応できなかったのは、あまりにも唐突すぎて速やかな頭の切り替えができなかったからであり、これが合意形成を阻害した。我々はすべての事項が双方の合意の下で決定されるという原則を曲げるつもりはないし、この原則に議論や反対の余地はないと信じている。自由通行と報道陣帯同については国連側に押し切られたものではあるが、このような小さな問題でいたずらに休会状態を長引かせることは避けねばならない。よって我々はリッジウェイ将軍の申し出を受け入れる。我々はすでに、中朝側代表団に対し、国連側代表団に便宜をはかるよう命令を出した。

一九五一年七月十五日

朝鮮人民軍最高司令官・金日成
中国人民志願軍司令員・彭徳懐」

註

＊1　マリク提案があったときアメリカ兵戦死者は二万一三〇〇名だったが、休戦協定成立時にはこれが十四万名になっていた。なお協定成立時の全戦死者数二二四万六〇〇〇名の内訳は次の通りである。韓国軍とアメリカ軍を除

く国連軍一万名、アメリカ軍十四万名、韓国軍九十八万七〇〇〇名、北朝鮮軍九十二万六〇〇〇名、中国人民志願軍十八万三〇〇〇名。（これには戦闘に巻き込まれた一般市民は含まれていない。またミグ戦闘機ロシア人パイロット戦死者および日本の特別掃海隊犠牲者は含まれていない）

＊2　ワイオミング線とは「朝鮮半島東海岸の束草《ソクチョ》から楊口《ヤング》(別名パンチボール)を経て、華川《ファチョン》、金化《クムファ》、鉄原《チョルウォン》、漣川《ヨンチョン》、板門店《パンムンジョム》を通り、西海岸の漢江《ハンガン》河口に至る最前線（＝接触線）」を指している。

＊3　李承晩（一八七五年三月二十六日生〜一九六五年七月十九日死／享年九十歳）

没落貴族（王族李氏の遠戚）の家に生まれた李承晩は科挙が廃止になったので、培材学堂《ペチェハクタン》（現在の培材大学）というミッションスクールに入学した。李承晩はその青年期、朝鮮王高宗に逆らう者として人生最初の獄中生活を体験。そのときにプロテスタント・メソジスト会に入信し、出獄後、主たる活動拠点をアメリカに移し、ウッドロー・ウィルソンが総長を務めるプリンストン大学で政治学博士号を取得。かくして李承晩は自尊心を異様に肥大させながら朝鮮独立という政治活動に打って出たけれども、自分の望んだ成果は得られず、不満だけが体内で増殖し、口から吐き出されるものは怒の一字という阿修羅もびっくりの攻撃人間になり、思う一念の末、七十三歳で大韓民国初代大統領の座に就いた。

＊4　国連側六名とは、アメリカ空軍キニー大佐、同海兵隊マーレイ大佐、バッチャー顧問、韓国軍李寿栄《イ・スヨン》大佐、および通訳二名（朝鮮語と中国語）を指す。

＊5　国連側が提起した協議事項九項目は次の通り。①協議事項の採択、②国際赤十字代表者の捕虜収容所への立ち入り、③協議は軍事問題についてのみに限定、④休戦合意に基づく相互間の安全保障、⑤朝鮮半島を横切る仮設軍事境界線と非武装地帯の確定、⑥休戦委員会の構成、権威、機能、⑦休戦委員会の下に作られる軍事監査チームの構成と機能、権威、⑧軍事監査チームの任務と視察原則、⑨捕虜の扱いに関する整理と調整。

＊6　中朝側が提起した協議事項五項目は次の通り、①協議事項の採択、②軍事境界線を三十八度線とし、それに沿

って非武装地帯を定める、③朝鮮からのすべての外国軍の撤退、④朝鮮における停戦と休戦の実現のための具体的取り決め、⑤休戦にともなう捕虜についての取り決め。

＊7　南日《ナム・イル》（一九一三年六月五日生～一九七六年三月七日死／享年六十三歳）

咸鏡北道の農民の子として生まれた南日は、一歳の誕生日を迎える前に父親が亡くなった。母親は残された南日を含む四人の子供を連れて、ロシア帝国沿海州に移住。この時、南日の名前はロシア風にヤーコフ・ペトロヴィッチ・ナムに変わった。これは金日成の息子金正日《キム・ジョンイル》が生まれた時、ユーリー・イルセノヴィッチ・キムとロシア風に名付けられたのと同じである。長じてヤーコフ・ナムは沿海州ウスリースクで九年制の教育を受けた。

スターリンは沿海州に日本のスパイとなった朝鮮人が多数潜り込んでいると疑い、沿海州に居住する全朝鮮系人民を遥か彼方の中央アジアに強制移住させた。この時、ヤーコフ・ナムはカザフ・ソビエト社会主義共和国（現カザフスタン共和国）に移住させられた。数年後、ヤーコフはトムスク州立大学に入学。一九三九年に理論力学の学位を取得。その後、ヤーコフはカザフからウズベク・ソビエト社会主義共和国（現ウズベキスタン共和国）移り住み、一九四三年までウズベク人民教育委員会の決定によってカシュカダリヤ州のカルシ中等学校で校長を務め、その後、カシュカダリヤ州教育部門の副部長に就任した。

ヤーコフ・ナムは二回結婚し、最初の妻ファイナ・リボヴナ・ナムとの間に娘が三人おり、二度目の妻マリア・アルセンティエヴナ・パクとの間に息子が一人いた。一九四六年、ヤーコフ・ナムは翻訳者を募集している北朝鮮の求めに応じ、平壌に向かったが、この時、妻と意見が合わず離婚。平壌に向かう同僚の一人、マリア・アルセンティエヴナ・パクと再婚した。平壌にやって来た三十三歳のヤーコフ・ナムは、南日という名前で翻訳者として働き、その後、南日はオルガナイザーおよび教育者としての手腕が注目され、すぐに北朝鮮人民委員会人事部長に就任。次に朝鮮民主主義人民共和国の国務副大臣を務め、加えて最高人民会議の最初の労働者党中央委員に選出されている。ちなみに南日は他の多くのソ連からやって来た朝鮮人同様、ソ連人民であり続け、一九五六年になってソ連の市民権を放棄し、北朝鮮の人民になった。

南日には、独ソ戦を含め戦場経験は一切ない。朝鮮戦争で南日は大田《テジョン》で戦死した姜健《カン・ゴン》中将に代わって総参謀長に就任したが、実態は武器をとって山野を駆け回ることのない政治将校であり、思想教育という名の洗脳と、共産主義プロパガンダが主たる仕事だった。南日は軍事知識と戦場経験皆無のため総参謀長の役目を果たすことはまったく出来なかったが、休戦交渉という軍事外交分野でこの男の強味となっている意志力、忍耐力、決意、勇気、イニシアチブなどの力量を発揮することになり、ジョイ提督以下の国連側交渉官を圧倒した。

休戦協定締結後、南日は外務大臣という新しい責任あるポストに就いた。国家指導者ナンバー・ツーとなった南日は一九七六年三月七日、交通事故に遭って死んだ。享年六十二歳。金日成が命じた暗殺という説は根強い。

2　中朝共産側交渉術の正体

（1）会話、成り立たず

中朝共産軍の悪辣なプロパガンダ演出でケチがついた休戦会議は、七月十五日午後二時九分に再開された。この日、双方は協議すべきテーマを持ち寄って確定することだったから、トルーマン大統領は「協議事項の確定なんぞは半日もあれば片がつく」と、たかをくくっていたのだが、揉めにもめ、何と七月二十六日になってようやく決まったから、大統領が「十日ぐらいで休戦協定は妥結するだろう」という目論見は、最初の一歩で夢物語になっている。長引いた理由は国連側が「協議事項は軍事問題に限定する。領土問題は休戦会議の協議事項から除外し、政治会議で取り扱う」と主張したのに対し、中朝側が「三十八度線を境界線とする領土問題は休戦会議の協議事項として絶対に外せない」と言って譲らなかったからだ。

さてこの日、すなわち七月十五日、会議が始まると、最初に南日《ナム・イル》が「我々はジョイ提督が申し出た《協議事項は軍事問題に限定》に同意する」と述べ、続いて「軍事境界線は三十八度線でなければ朝鮮民主主義人民共和国は納得しない」と熱っぽく宣言したから、ホッジス少将が待ったをかけた。

「三十八度線をどう見るかは政治会議の扱いだから、休戦会議ではこれを除外する。軍事問題とは、例えば休戦期間中にのみ通用する仮の軍事境界線をどう引くか、非武装地帯の幅を何キロにすべきかなどを指す」とホッジス。

すると即座に南日が「三十八度線は境界線として実在していた。アメリカにすがって大統領の座に着いた李承晩が私兵を煽ってたびたび騒ぎを起こしたのは三十八度線であり、朝鮮人民軍がこれを撃退したのも三十八度線である。戦争は李承晩の挑発が原因で起きた。我々は被害者だ。よって休戦期間中の仮設境界線であろうとなかろうと、境界線は三十八度線でなければならない。これは不動の原則であり、我々はそれを確たるものとするために三十八度線を協議事項としたのだ」と切り返した。するとホッジスは「中朝共産軍は国連軍によって三十九度線近くまで押し込まれている。軍事境界線を以前通り三十八度線にしようと言うそちらの主張は、二万一三〇〇のアメリカ兵が戦死した朝鮮戦争を無かったことにしようというのに等しい。繰り返すが、三十八度線を取り扱うのは政治会議であって、休戦会議ではない。ところで国連側の大前提は現在の最前線を軍事境界線とすること。これが我々の不動の方針である。したがって休戦期間中の軍事境界線は三十九度線と呼ぶことになるかも知れない」と述べた。それを聞くと南日は「我々の主張は三十八度線を軍事境界線にすること、外国軍は朝鮮半島から即時撤退すること、捕虜収容所への国際赤十字の立ち入りは不許可、この三つは不動である。この原則が守られないなら、休戦交渉は何一つ進まない。会議が前進しないなら、その責任は国連側にある。我々は国連軍司令部が要求した自由通行と報道陣帯同を呑んだのだから、今度は我々の要求を呑む番だ」と吼えた。

バッチャーは『板門店』という著作の中で次のように述べている。

「中朝共産軍は停戦（cease-fire）と休戦（armistice）と講和（Peace treaty）をごちゃ混ぜにしていました。しかしそれは抜け目ない南日が我々をうんざりさせて交渉を有利に運ぶために演じた小細工かどうか、……それは藪の中です。

さて、南日が猛烈に執着している三十八度線ですが、キニー大佐に言わせると、これほど脆弱な境界線は他に例が無いそうで、その証拠に中朝共産軍は開戦以来四度も三十八度線を越えて来たと呆れていました。一回目は開戦時、二回目の突破は一九五一年正月攻勢、三回目は四月攻勢、四回目は五月攻勢で、三十八度線がいかに防御に適さないか一目瞭然です。こういう次第でリッジウェイ将軍は、軍事境界線をワイオミング線という現在の最前線と鴨緑江・豆満江線の中間に引かねばならないと痛感し、ジョイ提督以下の交渉団にそのむね命じました。ともあれ南日の発言は壊滅寸前となった国の代表とは思えないほど傲慢、かつ、独断的でした。うんざりしたジョイ提督はほかの項目を吟味しようと促しましたが、南日は『三点の不動の原則に良い回答が出なければ、それは不公平で不条理な扱いと言うべきで、いかなる討議も無意味だ！』と、まるで戦勝者のようなことを言いました。この時、バーク少将が朝鮮語通訳リチャード・アンダーウッド中尉（通称ディック）に向かって、『ディック、いくら南日将軍が耳ざわりな金切り声を立てようと、俺たちにはチンプンカンプンだ。それに将軍が絶叫すると、そのせいで通訳が誤訳する。もう少しお静かにと言ってくれ』というと、これを横で聞いていた白少将がディックに代わって、大声を出しても無駄だと注意し、続けて、南日将軍は先ほど『中朝側は不公平で不条理な扱いを受けており不満だ』と言ったが、そちらの通訳（都宥浩《ト・ユウハオ》／北朝鮮軍少佐）は『満足している』と誤訳した。これ以外にも小さな誤訳は多々あるが、誤訳の原因は南日将軍の早口かつ激烈な言葉に通訳が興奮し、我を忘れるせいだと窘《たしな》めました」

白少将の指摘に南日が罵声を浴びせようと息を吸い込んだ瞬間を突いて、提督はジュネーブ諸協定について問いただしている。

「南日将軍、あなたは国際赤十字が北朝鮮軍捕虜収容所へ立ち入ることを禁ずると言った。ところで一年前、戦争が始まって間もない一九五〇年七月十三日、北朝鮮政府はトリグブ・リー国連事務総長に書簡を送り、その中でジュネーブ協定の諸条項を遵守し、履行すると約束した。この協定には国際赤十字が捕虜収容所を訪れ、捕虜の待遇について調査監督できるという条項がある。金日成将軍はこれを守ると約束したのに、なぜあなたは立入禁止なのか?」

これを聞いて南日は提督の不都合な質問には一切答えず、「赤十字派遣団の捕虜収容所への立ち入りは断じて許さない。リッジウェイ・レターを我々の総司令部に送って白黒をつけようとすれば、長い休会になる」と滅茶苦茶なことを言い出した。

すると提督は肩をすくめ、通訳に目で合図し、「赤十字問題は切迫した軍事問題ではあるが、我々は南日将軍の主張を受け入れ、《国際赤十字代表者の捕虜収容所への立ち入り》を取り下げる。赤十字問題は《捕虜の扱いに関する整理と調整》の中で討議する」と発言した。これを聞いた南日は二時間の休憩を要求し、別室に去った。

「ずいぶん後になって分かったことですが」とバッチャーは回想する。「休憩の間、南日は李克農《リ・ケノン》（人民解放軍副参謀長）と喬冠華《チャオ・グアンファ》（中央委員外交副部長）という二人の中国人督戦官をまじえ、ジョイ提督が示した譲歩によって何がどう変わって来るのか協議していたのです。ともあれ休憩となり、私たちはジープを連ねて人蔘荘に戻り、提督はリッジウェイ将軍に中間報告を書き送りました。休憩が終わり、会議場に戻ると、南日は、これが南日かと思うほど穏やかな顔で『軍事境界線を三十八度線とする件を引っ込める。しかし非武装地帯を討議する中で、三十八度線の是非を問う』と述べました。これは赤十字問題と三十八度線問題をめぐるギブ・アンド・テイク決着に見えますが、何のことは無い、協議事項から赤十字と三十八度線というセンシティブな文言を削っただけの話です。ともあれ国連側は少し譲り過ぎの感がありました。アメリカはデモクラシーの国ですから、共産党独裁国家のように兵員を人権蹂躙状態に置くことはできません。つまりアメリカでは、赤十字を通じて、捕虜になった自国の兵員がどういう扱いを受けているか監視することは、国民の重大な関心事であり、これに譲歩と思えるような発言をジョイ提督に許したトルーマン大統領は、その真意が捕虜の早期帰還であろうと、国民から非難を浴び、支持率は心配した通り急降下しました」

協議事項をめぐり、次に取り上げられたものは外国軍の即時撤収問題だった。

南日「我々の切なる願いは再び戦争が起きないことであり、そのためには、アメリカ軍が朝鮮半島から退去しなければならない。戦争が起きたのはアメリカ軍が来たからであり、また、朝鮮人民が自らの問題をみずからの手で解決できないのはアメリカ軍がそこにいるからだ。今ここでアメリカ軍の速やかな撤収が行われないならば、その結果おきる事へのすべての責任は国連軍が負うことになる」

このとき南日は事実歪曲によって己《おのれ》の主張に勢いをつけ、凶事が起きれば、それはお前のせいだぞと、相手にボールを与える形で発言を終えた。

ジョイ「朝鮮人民軍は三十八度線を越えて奇襲攻撃を行い、ソウルを占領し、さらに洛東江《ナクトンガン》の線まで南下して釜山包囲までしておきながら、戦争再発を恐れているとは、実に奇怪な発言だ。ところで第二次大戦後の三年間、朝鮮半島には三十八度線を境にソ連とアメリカの軍隊が確かに駐留していた。そして米ソ両国の軍隊が朝鮮半島にいた時、戦争は起きておらず、むしろ戦争は抑止されていた。あなたはアメリカ軍がいなくなれば戦争の再発は無いと言ったが、朝鮮戦争はソ連とアメリカの軍隊がいなくなった後に起きている。あなたは朝鮮人民が自らの問題をみずからの手で解決できないのはアメリカ軍がそこにいるからだと言ったが、事実はその逆だ。事実歪曲を含むあなたの発言は、因果関係ならびに時系列の点で完全に破綻している。支離滅裂だ」

南日「李承晩の私兵はしばしば三十八度線を越えて後方撹乱を行った。六・二五戦争（朝鮮戦争のこと）は李承晩が引き起こしたものであり、これにアメリカ軍が介入しなければ朝鮮人民の手で穏やかに解決できた。だが六・二五戦争の二日後にはアメリカの大軍が朝鮮半島に上陸しており、ここから大戦争へと拡大して行ったのだ」

南日は戦争勃発の二日後にアメリカの大部隊が朝鮮半島に上陸したと言ったが、これはマッカーサーが派遣したチャーチ少将率いる調査団十三名のことだった。

ジョイは事実歪曲と論点ずらしにうんざりし、疲れ切って汶山《ムンサン》に戻った。この日特別に東京から汶山を訪れ、深夜ミーティングの議長を務めたリッジウェイは、病気の猫のように不活発で覇気がない提督以下のメンバーを見て少し心配になり、「国連軍は朝鮮から出て行けと言われたそうで、だいぶ手を焼いているようだが、交渉は始まったばかりだ。音を上げるのは早いぞ」と言った。するとバーク少将が「共産主《コミ》義《イ》者は、たとえて言えば失って困るものがゼロという最貧民と同じです。敗戦という崖っぷちに追い詰められても強気一辺倒。立場が分かっているのかと疑いたくなるほど素っ頓狂なことを言い出すのは、失って困るものが無いせいです。いっぽう、我々はあれをやっちゃあいかん、これもダメと制約だらけだ」

この日、深夜ミーティングは議事録の確認だけで終了し、全員早々に軍用簡易ベッドへもぐりこんだ。

七月十八日、南日の聲闘《ソント》、嘘と歪曲と言ったタチの悪い交渉戦術にどう対処するかを討議していたところ、これに応える形でワシントンから四点の訓電が届いた。

①国連軍が最前線近くで大規模な演習を行って共産主義者《コミイ》にショックを与え、彼等が頑強に執着している外国軍即時撤退を諦めさせる計画を統合参謀本部は賛成する。

②リッジウェイ将軍は「国連軍は南朝鮮からの撤退に同意しない。これに不満ならば交渉決裂だ」という声明を出すことが許可される。

③統合参謀本部は国連軍が撤退するという印象を残したくない。そういう印象を残すなら、南朝鮮人はパニックとなり、北朝鮮人の思う壺となるからだ。

④休戦交渉団は国防総省《ペンタゴン》の伝書使《クーリエ》だと思われてはならない。

訓電四項目の内、①と②を使って協議事項の確定という馬鹿々々しくて泣きたくなるような問題の前進を試みたけれど、さほどの効果は無く、結局中朝共産軍に妥協のきざしをもたらしたものは次のアチソン国務長官のラジオ放送だった。

「国連軍は不動の決意をもって、真の平和が確実に樹立されるその日まで、朝鮮半島に留まる。真の平和が樹立される日よりも前に、国連軍が朝鮮半島から撤退すれば、共産軍は我々の善意と努力を見くびり、これさいわいと再び韓国に攻め入るだろう。朝鮮駐留を決定したのはそういう疑念が払拭できないからだ」

かくして協議事項はアチソン声明のおかげで決着した。それは、①協議事項の採択、②軍事境界線を確定し、その境界線に沿う非武装地帯を確定すること、③休戦条項履行を監視するための監査監督機関の編成と権限および機能について具体的な活動指針を確定すること、④捕虜に関する取り決めを確定すること、

⑤政治会議ほか、双方の関係諸国政府への勧告事項を確定すること、だった。
協議事項了承に伴う署名が終わったのち、南日は「国連軍は⑤で唄った政治会議について誠実に討議するだろうか?」と述べ、ジョイ提督は「我々は相互に満足できる合意に達するため、⑤につき、誠意をもって討議する」と応じた。しかしそこにあったのは楽観論にもとづく同床異夢だった。

(2) 三本の線

七月二十七日金曜日午前十時、ジョイ提督は軍事境界線と非武装地帯について、非常にストレートな発言をした。

ジョイ「中朝共産軍は三十八度線こそが軍事境界線にふさわしいと言い続け、今もその主張を変えていない。それはなぜか? その理由について南日将軍は、戦争が三十八度線で始まったからだと述べている。あなたが言う通り、戦争は三十八度線で始まった。これは本当だ。異論の余地はない。そして今からちょうど一年前、国連軍は朝鮮人民軍によって洛東江の東、釜山を取り巻くわずかな土地に追い詰められ、危うく海に蹴落とされるところだった。ところで仮に国連軍が追い詰められたその時点で休戦交渉となっていたら、あなたは三十八度線まで後退し、そこを軍事境界線にしようと言っただろうか?

しかしそれから一年の間に事情は変わり、今日、この日を迎えた。前置きはこの程度にし、休戦期間中の軍事境界線と非武装地帯について国連軍サイドの考え方を述べる。軍事境界線および非武装地帯の目的は敵の侵入を阻止することだ。そうとなれば自然障害も無い、攻めてくださいと言わんばかりの平凡な地面の上に引かれた三十八度線を境界線にしたいという意見には同意できない。そもそも三十八度線は降伏した日本軍の武装解除をソ連軍とアメリカ軍が実施した時の名残である。

さて、現時点の接触線は三十八度線よりも北、朝鮮半島東海岸の巨津から楊口を経て、華川、金化、鉄原、漣川を通り、臨津江を下って板門店、そして西海岸の漢江河口に至るものとなった。したがって我々は軍事的リアリズムの観点に立ち、すでに南日将軍に手渡した地図に書き込んである黒線を軍事境界線として提案する。すなわち朝鮮半島東海岸の高城郡長箭から金剛山北側山麓を巻いて金城、平康、鉄原、兎山、金川を通り、黄海南道・海州、そして西海岸甕津半島先端の金山里まで、約二四〇キロメートルの黒線を指す。また北側境界を意味する赤線と南側境界を意味する青線に挟まれたゾーンが非武装地帯で、これは偶発的武力衝突を回避するため、幅三十二キロメートルとしている。ついては地図上の黒赤青三本線に焦点を絞って討議を進めたい。なお、休戦協定が意調印されるまでは今まで通り敵対行為続行とする」

提督が南日に手渡した二十五万分の一縮尺地図上の黒い線（軍事境界線）に強《し》いて名前を付けるとすれば《三十八度三十分線》ということになるが、これは接触線（最前線）が北朝鮮領に大きく張り出しているためで、よって北朝鮮は休戦状態が続いている間、一万三〇〇〇平方キロ（長野県程度）の領土を失うことになる。ちなみに事実上の境界線となる非武装地帯北側から平壌までの最短距離は四十キロメートルに変化し、戦前、平壌から三十八度線まで約一〇〇キロだった隔たりは大幅に縮むことになる。また提督は自身の発言の中で軍事的リアリズムという言葉を何度か使ったが、これは遠まわしな威嚇で、おとなしく言う通りにすれば、国連軍は陸海空三軍の敵対行為を止める。だからこれをありが

シュピーゲル誌の表紙を飾る南日中将

たく思い、無駄な抵抗はやめ、地図に書いた通りの内容を呑めというもので、これが軍事的リアリズムに込められた意味だった。

南日は提督の発言が終わるとすぐに、翌二十八日午前十時までの休憩を要求したからこの日の会議は午前十一時十五分に閉幕となった。

二十八日、会議冒頭、南日は例によって三十八度線についての主張を繰り返したが、このとき南日は町のごろつきのように野卑な怒声を提督に浴びせるという暴挙に出た。以下は提督が国防総省に電送した南日発言の要約だが、実際に南日という人間の口から飛び出した耳を聾《ろう》する罵詈雑言をそのまま文字に落とすことは、提督のプライドが許さなかったので、南日発言はオブラートにくるまれている。

南日「昨日、赤、青、黒、三本の線が書き込まれた地図を渡され、次にジョイ提督の発言を聞いた。まったく驚き呆れたことに、提督は我が国の領土から一万三〇〇〇平方キロメートルという広大な土地の強奪を謀っており、こんな提案は一顧だに値しない。我が領土を掠め取ろうとすることについて、提督はいかなる屁理屈をこね、いかなる無礼千万なことを言ったか覚えているか？　提督は軍事リアリズムという妙なことを口走り、地図上に書き込んだ軍事境界線を指して言う通りにしろと迫ったのだ。軍事的リアリズムなどと勿体をつける提督の脳味噌は幼稚極まりないものであり、まったく開いた口が塞がらない。提督は国連軍の威力を誇示して我々を脅したつもりだろうが、そのような子供だましは通用しない。提督はどちらが戦場を支配しているか理解しておらず、正月以来、最前線は常に変化しているのもご存知ないようだ。今年一月に我々は鴨緑江から退却する国連軍を追って三十八度線を越え、水原《スウォン》まで前進した。それ以来、最前線は四月と五月に三十八度線の南と北を行ったり来たりしている。重要なのは正月から七月までの間、我々は三十八度線の南に延べ五か月も駐留していたという事実だ。その間、国連軍はカウンター・アタックを二回行ったが、三十八度線の北に進出した日数は延べ二か月。我々の方が三か月も長い。また国連軍が東海岸の束草《ソクチヨ》から西海岸の漢江河口に至る現在の最前線にたどり着いたのはごく最近のことだ。ともかく最前線は揺れ動いて不安定だ。ゆえに三十八度線は軍事境界線としてもっとも妥当であり、提督が主張する三本線を認める理由はどこにもない。軍事境界線をめぐる提督の考えは完全に破綻しており、正気の沙汰ではない。提督の馬鹿げた考えにうなずくのは狂人だけであり、その主張は完璧すぎるほど滑稽で、完璧すぎるほど傲慢だ。そもそも提督は何をしようと思ってここに来たのか？　提督は平和のための交渉に来たのか？　それとも戦争拡大を願ってここに来たのか？　引き分けとなったこの戦争を鎮めるには三十八度線を境界線にするしかない。そこで我々は、①三十八度線を軍事境界線とすること、②三十八度線から双方の地上兵力を十キロメートル後退させ、出来上がった幅二十キロメートルの地域を非武装地帯とすること、を提起する」

国防総省《ペンタゴン》にジョイ提督が通報した南日発言はおおむねこの通りだが、バッチャーはその後、引き続いて起きた出来事を次のように回想している。

「南日の独演会は午前十時四十七分に終わり、疲労した提督は午後一時三十分まで休憩を申し入れました。幅二メートル半ぐらいの長テーブル越しに南日の正面に座った提督は、この男のがなり立てるおそろしく粗暴な朝鮮語と、それと一緒にまき散らされる唾液の飛沫、ニンニク臭、タバコの煙をもろに浴び、たいへんな目に遭いました。まったくの話、相手をののしり、侮辱する豊富な語彙は朝鮮語がトップでしょう。南日の生まれ育った風土の産物である暴言文化について、提督の日記には『南日はこの上なく横柄で下品。最低限の外交儀礼も無い愚劣極まる男だった』とあり、感情の起伏をおもてに出してはいけないと厳しく躾けられた提督にとって、南日は理解不能であり、事実、多くの国連軍交渉メンバーが南日について発した言葉は『あれはどういう育ち方をしたのか？』というものでした。

午後一時三十分、会議再開となり、このとき提督は意を決して激しい言葉を南日に浴びせました。ジョイ『あなたの無礼な暴言について少しばかり申し上げておきたい。あなたの嘆かわしい言動の数々は信じがたいほどひどく、あなたの常軌を逸する罵声と怒号は会議の運営に深刻な影響を与えた。軍人が世界中どの国でも敬意を払われているのは、心身ともに成熟し、節度をわきまえ、軍人としての矜持を持ち続けているからだ。ゆえに武力をもって国民に奉仕する軍人は礼節を守るべきである。あなたの、あまりにも不適切で見苦しい狂態がこれから先も続くなら、行き着く先はただ一つ。中朝共産軍は我々と建設的な討議をするつもりは無いと判断し、私はこの会議の続行を断念する』

すると南日は提督に食ってかかり、『無礼はそっちだ！』と怒声をあげ、罵詈雑言を浴びせ、次いで『貴官はアメリカの海軍と空軍の打撃が日本を降伏させたと言うけれども、それは大きな間違いだ。貴官は肝心なことを忘れている。日本の降伏は先ず第一に三十五年間におよぶ朝鮮人民の解放闘争があってこそのものであり、次に中国人民軍による八年間の抗日戦争とソ連人民の抵抗運動がある。そして決定的なものはソ連軍と中国人民解放軍の地上兵力による満州での一撃だ。アメリカの海軍と空軍は日本の降伏に関し脇役を演じたに過ぎない』と自信たっぷりに言いました。これが北朝鮮で共産党が徹底して民衆洗脳に務めている捏造史観であり、一事が万事で、北朝鮮の共産党指導部は自分に都合のいいフィクションを建国史として民衆に叩き込んでいるのです」

このとき国連側の誰ひとりとして考えが及んでいない由々しき事実がある。それは、南日の聲闘《ソント》を含む傲慢無礼な交渉姿勢は「アメリカは結局すべて折れる」と見切った計算づくのものであり、南日は「アメリカはこの戦争が第三次大戦の引き金になることを心底恐れており、ゆえに強く出れば必ず譲歩し、原爆は使わず、休戦交渉で決着をつけようとする」と読んでいた事実を指す。こういう次第であるから提督が噛ました軍人モラルは空振りに終わり、お返しに南日は誠意を見せろと言うフレーズを耳にタコができるほど繰り返し、締めくくりに、お前は我々を脅したつもりだろうが、我々にそんな真似は通用しない。お前の脅しにびくつくのは頭のおかしい奴だけだと言い放った。

休戦会議はまったく不毛のまま、日数だけが積み重なっていった。何か得るものがあるとすれば、それは南日の風変わりな言動で、これは心理学ないし文化人類学の研究サンプルになるだろう。一例をあげると、南日は発言に際し、頻繁にその場しのぎの嘘を紛れ込ませる常習犯だったが、嘘に嘘を重ねて辻褄が合わなくなっても全然平気で、恥じる気持ちはなく、当然ながら謝罪なぞ絶対にしなかった。

交渉は完全に暗礁へ乗り上げてしまい、このとき提督は「今に至るまで中朝側は面子《めんつ》保持に汲々とし、見たくない現実には目を閉じ、滑稽なほど三十八度線に執着し続けた。さてこのデッドロックをどうするつもりか？」と切り込んだが、これに対し南日は冷たく見返すだけで沈黙を押し通したから、こうなっては提督にとって災難というほかはない。そして八月四日、事件が起きた。これについて提督は次のように書いている。

「十九回目の会議となる本日四日も南日は取り憑かれたように三十八度線を繰り返した。私はロジカルに討議を進めるため、テーブルに地図を広げて話し合うことを提案したが、断固たる南日の拒否に遭った。南日は三十八度線にしがみついている。討議は噛み合わず、午後一時四十五分、我々は盗聴器だらけの休憩所（人蔘荘）に退出し汶山から持参した野戦食を広げた。だが、まさにその時、我々の目の前を中国共産軍の一個中隊二百名が完全武装で行進して来たのだ。装備品は通常の歩兵銃の他に手榴弾、迫撃砲、ブレン軽機関銃まであり、共産軍兵士は写真を撮ろうとするカメラマンに銃を向け、威嚇した」

これを東京で聞いたリッジウェイ将軍は「無礼極まる交渉態度に加え、開城非武装中立地帯での武力恫喝とは許せない」と怒り、即座にジョイ提督に対し「会議は中止。直ちに汶山に戻り、別途指示があるまで開城には行くな」と命じた。

翌五日、リッジウェイ将軍は開城での不法な中立協定違反を糾弾するにあたって、全世界に共産軍の悪質な行為を白日の下に晒すため、ＮＨＫ（東京）のラジオ放送で抗議文を読み上げた。この手に出られた以上、隠蔽体質の中朝側も筋の通った返信放送をしなければならず、かくして八月六日、金日成と彭徳懐は、これもラジオ放送で再発防止の保証を行い、会議再開を要請した。しかしこの返信放送でも金日成と彭徳懐は謝罪も遺憾表明もしていない。

二十回目となる会議は八月十日金曜日に再開され、またしても三十八度線が蒸し返されたので、提督は南日に露骨な言葉で、お前が三十八度線についてしゃべりたいと言うのを妨げるつもりはないが、まったく無駄なことだと応ずると、南日は沈黙のにらみ合いという異様な行動に出、キッチリ二時間と十一分、にらみ合うという奇妙なことが起きた。

中朝共産側の行為に呆れ返った提督は軍事境界線の討議を中断。そして翌十一日から十五日まで救いようのない膠着状態となった。提督はきりがない堂々巡りを止めるため佐官級参謀将校を主体とする肩ひじを張ることのない分科会形式での討議に切りかえようと申し入れ、これに中国代表の解方《ティエファン》少将が積極賛成した。

翌十六日、南日は国連軍交渉団を猛烈に非難し、次に中朝同盟軍交渉団の公明正大性を褒めたたえ、きっちり六十分大声でがなり立てた後、もったいぶってジョイ提督の分科会形式（円卓会議）に同意した。

しかし翌十七日にスタートした分科会も六回目となる八月二十二日に中断した。原因は中朝共産軍が仕組んだ三つの偽装工作だった。その一つは市辺里《シビョンリ》での共産軍トラック三輌に対する機銃掃射事件（八月十三日）、二つ目は松谷里《ソンゴリ》での国連軍による中国軍小隊待ち伏せ事件（八月十九日）、三つ目は開城中立地帯でのセイバー戦闘機による爆撃事件（八月二十二日）だった。三件とも発生場所は中立協定ゾーンであり、しかも時間はいずれも深夜。明々白々な当たり屋もどきの偽装工作にもかかわらず、南日は聲闘《ソント》、嘘、歪曲をたっぷり練り込んだ暴言を大声で喚き、ひたすら謝罪を要求し、揺さぶりをかけ、論点をずらし、気が付けば三十八度線を境界線にする主張に戻っていた。この新手のおかげで本来の協議はどこかへ行ってしまい、二十二日以降は無期限休会になり、そして九月一日、次の文書が国連軍司令部に届けられている。

「一九五一年九月一日／リッジウェイ将軍へ

朝鮮人民軍最高司令官・金日成と中国人民志願軍司令員・彭徳懐より

休戦交渉のため非武装中立協定を結んだ開城地区の上空に、九月一日午前三時、国連軍攻撃機がまたしても不法侵入し、二発のナパーム弾を投下して去った。我々の調査で確認されたのは、爆弾が南日将軍の起居する家屋から五〇〇メートルしか離れていない場所に投下されたという言語道断の事実である。……

我々はリッジウェイ将軍に警告する。すなわち、国連軍が休戦交渉を中止したいのなら、将軍は全世界に向け、その中止を正式に発表しなければならない。しかし我々はそのような価値のない好戦的な行動を歓迎しない。

いっぽう、国連軍が開城会議を再開し、公明正大、かつ、理にかなった休戦協定締結に向かう気があるならば、将軍は我々の次なる要求に同意しなければならない。それは国連軍の数々の協定違反を謝罪し、誠意ある態度で違反原因を公開し、以降、協定違反の完全な再発防止を保証することである。それが約束できるなら、我々は開城での休戦交渉再開に同意する。中止か再開か。それは将軍の決めることだ。回答を待つ」

(3) パンチボール山岳戦

ジョイ提督率いる交渉団が開城での会議を通じて学習したものは、国連側と中朝側では話し合いというものに対する基本的な考え方がまったく違う、ということだった。世界の警察官をもって任ずる国連軍はひたすらこの戦争にピリオドを打とうと思って休戦交渉に臨んだが、中朝共産軍はためらうことなく天下無敵の舌先三寸にものを言わせ、戦場で得られなかった成果を、交渉の場で得ようとした。国際社会において誠意ある外交というものは存在しないと言ったのはスターリンだったが、南日以下の中朝共産軍交渉団は自分たちがスターリンの模範的な生徒であることを異様な暴言文化によって申し分なく証明した。

ところで朝鮮半島は三十年ぶりの悪天候で、特に六月下旬から八月上旬までは、ほとんど毎日のように激しい雨が降り、ヘリコプターは運航不可となった。それればかりではない。汶山・開城間にある臨津江の橋は押し流され、工兵は交渉メンバーが乗る車両を通すため、大急ぎでそこにベイリー式仮橋を設営した。こういう悪天候だったから、空軍は作戦活動を封殺され、陸軍もパトロール隊同士の小競り合いが関の山。大規模な空陸連携作戦は先送りとなっていた。

八月十三日、天候は回復。その五日後、国連軍は猛暑の中、攻勢に出た。クリーンアップ作戦と命名された攻勢の目的は山岳陣地にたてこもる敵を掃討し、ワイオミング線を北に押し上げること。そして、膠着状態に陥った休戦会議に衝撃を与え、まともな交渉に引き戻すことだったから、リッジウェイ将軍は楊口郡・亥安《ヘアン》盆地に布陣する北朝鮮第二、第三、第六軍団を叩いてこれを盆地の北西側に追い落とし、文登里《ムンドンニ》の軍団総指揮所を制圧しようとした。このため将軍は、空軍力はもとより、陸軍の重砲一九八門を山麓にならべ、かつ、戦艦ニュージャージーおよび重巡トレドを日本海に面した杆城《カンソン》沖に呼び寄せて、剣が峰と目された九八三高地に無制限射撃を命じている。余談ながら、亥安盆地[*1]は周囲を大愚山《テウサン》、加七峰《カチルボン》、白石山《ペクソクサン》、兜率山《ドウソルサン》など一二〇〇メートル級の山に囲まれており、国連軍はこれを見て、ウェディングパーティでおなじみのパンチ酒の入れ物《ボール》を連想し、この盆地をパンチボールと呼んだ。

九月五日、パンチボールをめぐる山岳戦は、九八三高地（流血の尾根《ブラディー・リッジ》）を攻め落としたことで一段落。国連軍は、戦死三二六人、負傷二〇三二人、行方不明四一四人、計二七七二人の損害を出し、対する中朝側の損害は推定一万五〇〇〇人だった。

次いでリッジウェイ将軍は文登里《ムンドンニ》制圧のため、ブラディーリッジの北方に位置する九三一高地とそれに連なる一〇二四高地および一一二四高地に地上兵力を投入したが、九月二十四日、韓国軍第七師団が逆襲にあって追い落とされ、連鎖反応で総崩れになった。この無惨な敗退のゆえに一〇二四高地と一一二四高地の二つを指して断腸の尾根《ハートブレイク・リッジ》という。ともあれハートブレイクリッジをめぐる山岳戦は重砲と戦車の投入ができず、歩兵単独で攻めた結果、三千七百余名の損害を出した。そこで九月二十九日、今度はロバート・ラブ中佐が指揮をとる第二工兵大隊に出動命令が出され、ハートブレイクリッジ西側渓谷の曲がりくねった隘路に重砲と戦車を通すための道路開削工事が始まった。この隘路は、道の上を川が流れている《洗い越し／河谷道《かこくどう》とも言う》で、名前は水入川《スイプチョン》隘路と言い、楊口《ヤング》から文登里を経て金剛山《クムガンサン》に達していたが、そのままでは戦車や自走砲の通過には耐えられない。しかも北朝鮮軍は水入川隘路に山の上から大岩を落とし、約六キロメートルにわたって障害物を積み上げ、地雷を埋め、手榴弾の罠を仕掛けるなど可能な限りのブービートラップを施して、この道を閉塞した。そこで工兵は百十ポンド爆薬を大岩の隙間へ詰め込み、ブービートラップごと障害物を吹き飛ばし、十月五日までに道路舗装を含む困難な開削を終えた。かくして開削工事完了と同時にタッチダウン作戦が開始され、戦車六十輌、砲三百門およびコルセア機による空爆支援のもと、地上兵力はハートブレイクリッジを陥落させ、パンチボール盆地の完全制圧を成し遂げた。作戦は十月十三日に終了。第二工兵大隊には感状が出されている。

　パンチボール山岳戦が優勢に推移していた九月六日、リッジウェイ将軍は李寿栄《イ・スヨン》大佐（韓国軍）に命じ、次の通り、休戦交渉再開の督促状を中朝共産軍に送った。

「金日成将軍と彭徳懐将軍へ／国連軍司令官リッジウェイより

　当方に寄せられた九月一日付けの書簡を拝見するに、あなた方は空爆による中立協定違反の嫌疑で国連軍を猛烈に非難しておいでだ。そこで私は空軍の出撃命令書とフライト報告をもとにパイロットとの面談を行い、徹底的にチェックしたところ、国連軍の中立協定違反はゼロであることが明らかになった。

私は中朝共産軍の偽装工作がこれ以上くり返されぬよう強く申し入れる。また、会議場でのはた迷惑な絶叫と児戯に等しい偽装工作をこれ以降も続けるなら、休戦交渉は決裂のやむなきに至る。もちろん、その場合の責任はあなた方に取っていただく。

七月に始まった休戦交渉は物別れを繰り返し、挙句の果てに中断となり、七週間以上が経った。私は休戦会議の再開を歓迎する。再開の場合、少し目先を変え、今度は連絡将校同士の肩の凝らない打ち合わせから始めてはいかがか。その場合、テーマの一つとして、私は《開城に替わる新しい会議場》を協議したい。そのわけは、捏造事件の温床になってしまった開城がまったく歓迎できないからだ。もう一つ、連絡将校同士の会合はこの書簡を引き渡すことになる板門店ではいかがか」

九月二十日、中朝側の絶叫に終始するプロパガンダ放送はいつもの通りだったが、意外なことに放送が終わる直前、「九月二十四日月曜日午前十時、板門店で連絡将校同士の対話に応ずる」とリッジウェイ将軍への回答が付加されており、かくして次のメンバーによる板門店での連絡将校ミーティングが始まった。

■国連側＝キニー大佐＋マーレイ大佐＋李寿栄大佐（韓国軍）＋通訳

■中朝側＝張春山大佐＋蔡清文中佐（中国）＋金一波中佐＋通訳

これについてバッチャーは次のように回想している。

「中朝共産側がラジオを通じて連絡将校ミーティングに応ずる声明を発した時、国連軍はパンチボールの周辺部稜線で大苦戦[*2]していました。『なぜ、共産軍は強気に押しまくらず、歩み寄りを選んだのか？』ですが、理由は三つ考えられます。

一つはＮＡＴＯ軍に備えるためソ連の軍事物資が朝鮮半島で滞りがちになったこと。特にＭＩＧジエット戦闘機とソ連軍パイロットの供給量が極端に手薄になったこと。二つ目は中国人が台湾から大陸を虎視眈々とねらう蒋介石に神経質になり、半島からの速やかな軍の撤収を欲したこと。三つ目は国連軍の物量で、今回は敵を撃退できたが、次は危ないと認めざるを得なかったことです」

休戦交渉再開となったのは良しとして、リッジウェイ将軍は偽装工作を含む共産主義者の悪質なやり口にほとほと呆れていた。現に南日の繰り出す暴言ディベートのおかげでジョイ提督はパーキンソン病にかかり、九月十四日から三日間、軽井沢で静養したが、南日の毒性は遥かに強烈だったから、軽井沢効果があらわれるとは思えない。

――ともかく開城とは別の場所にしなければならん！

と、リッジウェイは痛感する。

高麗王朝の宮廷が置かれていたこともある開城は三十八度線の南側、すなわち韓国領にあったが、今は中朝共産軍の占領下にある。休戦交渉は一カ月以内に決着するだろうという思い込みで開城ＯＫを出したが、これはトルーマン大統領の判断ミスだった。今や交渉は長引くだろうという様相を呈している。である以上、中朝共産軍にとって有利な開城で休戦交渉を続けることは、常に国連軍が和を乞うような印象を与え、中朝人民を狂喜させる大きな宣伝材料となり、はなはだ具合が悪い。また、中国人と朝鮮人は一度握りしめたものは、それがゴミのように無価値であろうと手放さないし、ましてや開城は無価値ではない。それを承知でリッジウェイはキニー大佐に「交渉地を中朝共産軍と国連軍が接触する最前線のどこかに変更するよう持ち掛けろ」と命じた。

九月二十四日、断腸の尾根《ハートブレイク・リッジ》で激戦が続いている中、連絡将校ミーティングは開始されたが、このとき張《チャン・》春山《チュンサン》大佐は席に着くなり、「我々は会議場変更についてのいかなる話し合いにも応じられない」と強い口調で釘を刺してきた。この発言は、ハートブレイクリッジでの中朝共産軍優勢という戦況が影響したのかも知れないが、それ以上に、張大佐の裁量枠などゼロに等しいものだったから、妙な話し合いに巻き込まれて金日成から疑惑の目で見られることを恐れたゆえの発言だった。

予想に違わず張大佐はキニー大佐の質問や提案についてノーコメント。会話は成立しない。そこでキニーは張大佐に向かい「議論をもう少し実りあるものにするため、あんたの上司に掛け合って裁量枠をもうちょっと広げてもらってはどうかと思ったが、しかし無理なことがよく分かった。あんたはこちらの問いかけに相槌でも打てば、たちまち疑惑を招き、身の破滅という気の毒な身の上だ。ただしこの私があんたに何を話したかだけは細大漏らさず上に伝わるよう心掛けた方がよろしかろう。さもないと、これから先、リッジウェイ将軍が声明を発した時、その中に張大佐が事前報告していなかったことが含まれていれば、あらぬ嫌疑をかけられるな。同情するよ」と言った。張大佐はこれを聞いても相手にならず、柳に風と受け流している。

ともかく会議場変更というテーマは難題であり、タイミングとしてもパンチボールの戦況が思わしくないとなってはなおさらだった。それでもリッジウェイ将軍は「開城は駄目だ！」をつらぬき、国連軍が山岳戦で大失態を演ずる劣勢時にありながら、開城から別の場所に会議場を移すため、来日中のブラドレー元帥と国務省参事官ボーレン[*3]と協議し、「中朝共産軍が会議場を開城の東十二キロの板門店か開城の東南十三キロの松賢里《ソンギャンニ》へ変更を受け入れるなら、国連側は現在の最前線を軍事境界線とし、非武装地帯の幅は四キロに縮める」という見返りを用意した。

さて、連絡将校ミーティングは四回目となる九月二十七日をもって中断したが、いかなる巡りあわせか、この日以降戦況は好転。そこでリッジウェイ将軍は金日成と彭徳懐に次の書簡を送っている。

「現時点の接触線（最前線）から見てほぼ中間にある松賢里か、あるいは板門店で、できるだけ早く両国の代表団がここで会合することを期待する／九月二十七日／リッジウェイ」

すると中朝共産軍はすぐにラジオ放送で「会議場は開城！」を叫び、将軍の呼びかけに歩み寄る気配はない。そして十月四日、第二工兵大隊が戦車、重砲、自走砲を通すための困難な開削工事を成功させると、リッジウェイ将軍は翌五日のタッチダウン作戦発動を前に、もう一度「最前線上にしかるべき会議場を中朝共産軍が選定し、それが国連軍にとって納得できる場所であるなら、その地での休戦会議の再開を望む」と声明を出した。場所の決定にかかわる主導権を中朝側に与え、相手の面子を立てたのだ。そしてパンチボールをめぐる山岳戦で国連軍の勝ちがほぼ決まった十月七日、中朝共産軍は次の通り金日成と彭徳懐の共同提案という形で板門店を新会場にするという声明文を出した。

「休戦会議場は中立性と公明性が保証されていなければならない。そういう観点から、我々は開城から板門店への休戦会議場の移動を提案する。同時に我々は板門店会議場の安全責任を中朝同盟軍と国連軍で分担することを提案する。

リッジウェイ将軍が我々の提案に合意するならば、双方の事務方の調整に入るため、連絡将校同士の会合が速やかに実施されることを希望する」

声明にはこのほかに、中立協定適用ゾーンにおける規制原則、中立協定適用ゾーンの拡大に関する規制原則、会議場での安全に関する規制原則、以上三つについての提案が述べられていた。ともあれ、「会議場を板門店に変えろ」という将軍の要求を金日成と彭徳懐が認めたのは、国連軍が中朝共産軍与えた軍事的圧力が効果的だったからだ。そして、紳士的な態度で会議に臨むと言っていたジョイ提督はパンチボールでの勝利がもたらしたものを見て、「軍事的圧力を加え続けなければ、共産主義者とのまともな話し合いはできない」と述懐している。

国連軍の秋季攻勢が終わった十月二十二日、連絡将校の会合で決定すべき条項はついに合意に達し、七項目から成る条文[*4]はジョイ提督と南日中将によって正式に認められた。そして翌日二十三日、南日から十月二十五日の会議再開が提言され、国連側は即刻ＯＫを出し、かくして六十三日に渡った休止状態は幕となった。

註

＊1　亥安盆地（＝パンチボール）／金剛山を水源地とする南江《ナムガン》は楊口に向かって南に流れ、一〇三一高地に突き当たると、そこでＵターンして今度は北に向かい、江原道《カンウォンド》・高城《コソン》で日本海にそそぐ。雄大な自然に囲まれた亥安盆地は南江が北に向かってＵターンする一〇三一高地の南側にある。

＊2　断腸の尾根《ハートブレイク・リッジ》での国連軍の損害は、死者＝五九七名、負傷者＝三〇六四名、行方不明＝八四名。中朝同盟軍の損害は推定二五〇〇〇名。別件ではあるが、同時進行の出来事として、九月八日は日本の主権回復日にあたるサンフランシスコ講和の調印日だった。なお、ソ連、チェコスロバキア、ポーランドは署名を拒否している。

＊3　国務省参事官ボーレン（チャールズ・ユースティス）は対ソ外交のエキスパートであり、ヤルタ会談ではルーズベルト大統領のロシア語通訳だった。スターリン没後にモスクワ駐在アメリカ大使に就任し、朝鮮戦争の終結に

関する重要情報を本国に伝えた。

＊4　連絡将校ミーティングで確定した七項目

①板門店を会議場と定める。②会議場は半径一千ヤード（九一四メートル）の円形エリアに制限し、ここを中立地帯とする。③会議場に対していかなる種類の敵対的行為も取らない。④交渉団メンバーとは別に、会議中は両陣営からそれぞれ将校二名、兵員十五名を帯同させる。⑤双方の交渉団代表の会議場内での自由な行き来、移動を許可する。⑥洗面所ほかの諸設備を提供する。⑦板門店以外の中立地帯は、開城《ケソン》、汶山《ムンサン》ともに半径三マイル（四八三〇メートル）とする。また開城・汶山街道の両側二〇〇メートルを中立地帯とする。

3　板門店

（1）軍事境界線をめぐる攻防

バッチャーは板門店の印象を次のように述べている。

「汶山《ムンサン》を出て臨津江《イムジンガン》を渡り、開城《ケソン》を経て平壌《ピョンヤン》に向かう道は昔ながらのデコボコした田舎道なので、ちょっと雨が降ればぬかるみだらけになり、ジープ移動の時にはそこにはまり込み、往生しました。さて、板門店は臨津江から八キロほどの所にある並外れて平凡な集落で、休戦会議が無ければ、土地の人間でもない限り、何も気づかずに素通りされて終わりという場所でした。畑の中にひっそりとうずくまるようなこの集落の片隅には、平屋建ての茅葺小屋が二つあり、住人は居ないらしく、生活の匂いはしません。小屋の前はだだっ広い空き地で、当局はそこから一エーカー（四〇〇〇平方メートル）ほどの土地を接収して中央部に大型テントを張りました。これが新しい休戦会議場であり、そしてすぐ近くに張られたテントは双方代表団の休憩所です。この時、国連軍交渉団は板門店で誤爆事件が起きることを懸念し、万一のためピンク色の阻塞気球を四つ、三〇〇メートルの高度に上げて係留しました。これを見て露骨に不機嫌な顔つきをしたのは中朝共産軍で、彼等は世界中の耳目が集中する板門店で自分たちが劣って見えるのではないかと恐れており、気球の用意ができず、恥をかかされたことが気に入らなかったのです。

　ともかく中朝共産側は自分自身を大きく見せようとする虚栄心に取り憑かれており、その結果、彼等は細部にわたって我々を圧倒しようと努めました。この顕著な例は七月十日の休戦会議初日、ジョイ提督以下の交渉団を低い椅子に座らせようとしたり、国連軍の卓上旗よりも大きな旗を置いたことなどがそれで、板門店でもそのメンタリティーに変わりはありません。例えばトイレです。我々は国連側休憩所となったテントの背後にトイレ用の小型テントを張りました。共産側はこのテントを怪訝そうに見ていましたが、そのうち、これが何のためのものか知ると、彼等は国連軍のトイレよりも遥かに上等な木造トイレを建て、満足げにうなずき合っていました。

こういうことは数え上げたらきりがありません。チャップリンが制作した《独裁者》という映画の中に理髪店で用いる椅子とそれを巡る二人の独裁者のシーンがあります。ヒトラーとムッソリーニに良く似た二人の独裁者が相手を見下せる高さにおのれの座った椅子を押し上げるというシーンですが、板門店では中朝の共産主義者たちがしばしば映画と同じようなことをしており、これには苦笑を禁じ得ませんでした。

十月二十五日午前十一時、双方の代表団は新しい会議場となった中央テントに集まり、ビリヤード台に使われる緑色のフェルト製テーブルクロスで覆われた幅二メートル半の横長机に向かい合って着席しました。なおこの日、双方の交渉メンバーに変更があり、国連側は韓国軍の白善燁《ペク・ソニョプ》少将が李亨根《イ・ヒョングン》少将と交代。北朝鮮軍は張　平　山《チャン・ピョンサン》少将が鄭　斗　煥《チョン・ドゥファン》少将と交代し、中国軍は鄧　華《トゥンファ》中将が辺　章　五《ピィエン・ジャンウー》中将と交代しました。このとき双方の代表団は握手することもなく、笑顔で会釈することもなく、まったく無表情で通し、打ち解けたムードはひとかけらもありません」

さて会議冒頭、南日将軍は「板門店会議場での中立協定履行状態をチェックするための監視組織を設けるべきだと思う。ジョイ提督の意向を聞きたい」と切り出し、提督は喜んで同意すると回答した。次に将軍は「軍事境界線と非武装地帯の討議は以前国連側から提案があった円卓形式の分科会に委ねたい」と申し出たので、提督はこれにも同意回答を出した。かくして双方の交渉団はそれぞれの休憩テントに退出し、午後二時、ホッジス少将（陸軍）、バーク少将（海軍）、李相朝《リ・サンジョ》少将（北朝鮮軍）、解方《ティエファン》少将（中国軍）が分科会用のテントに集合した。

分科会再開は明るい兆候だと見て、ジョイ提督は喜んだ。国連軍はハートブレイクリッジをめぐる山岳戦を制して着実に接触線を北に向かって押し上げたから、当然、中朝共産側は聞きわけが良くなると皮算用し、分科会では李相朝が提起する妥協案を国連側がどう裁くかで会議が回り出すものと思っていたのだが、この目算は大はずれで、またしても堂々めぐりが始まった。

「それではホッジス将軍、軍事境界線に関する新提案を聞かせていただきたい」と李相朝。

「それはおかしい。今回は中朝側から三十八度線案にかわる新提案を聞かせてもらう番だ」とホッジス。

「あなたは何か勘違いされているようだ。以前国連側は赤青黒三本線を引いた地図を出したが、今後こそ国連側から三十八度線案に添うかたちでの新提案を聞かせてもらうつもりで、我々はここにいる」と李相朝。

「国連側の提案は軍事境界線を現時点の最前線（接触線）の北方に引くことであり、これは前に何度も話した。本日我々は三十八度線にかわる三十九度線について中朝側からより具体的な新提案を聞けるものと思って来た」とホッジス。

「あなたは何度も話したと言うけれども、我々は新しい視点にもとづく打開案が聞きたいのだ」と李相朝。

この非生産的な堂々めぐりは五十分続き、耐えかねたホッジス少将は二十分の休憩を求め、ジョイ提督ほかの国連軍交渉団がいるテントに向かった。

表情のとぼしい顔に模糊としたものがまとわりついているような李相朝についてバッチャーは次のように述べている。

「私が見た李相朝[*1]の第一印象は、のっぺりと平板な四角い顔にがっしりした鼻、薄い唇をへの字に結んだ小ぶりな口、吊り上がった眉という典型的な東北アジア人です。背丈はあまり高くなく、まだ三十六だというのに太って腹が出ており、この体形のおかげで李相朝には南日のようなとげとげしさはありません。南日は背が高く、加えてチェルケス人かタタール人の血でも混ざり込んでいるのではないかと思わせる彫りの深い大きな眼をしたシャープな印象ですが、李相朝の顔の造作には垂れ下がった細い目が加わっているため、国連側メンバーの多くは『この男、与《くみ》し易《やす》し』と早合点しました。しかし実体はまるで違う。李相朝はやることなすことすべてに渡って抜け目なく、特にホッジス少将はこの男に対しある種の苦手意識を持っていました。休戦交渉で国連側と中朝側は二時間ほど一切言葉を交わさずにらみ合ったことがありますが、その時、少将の真正面に座っていた李相朝は異常に長いにらみ合いの最中、十匹近い蝿が自分の顔を這い回っているというのに、これを追い払わず、にらみ合いを続けるという奇態を演じました。ホッジス少将はこれを見て気持ちが悪くなったという体験がマイナスに出、再開した分科会では根負けし、次の通り、先に手の内を明かすという悪手を打ってしまったのです」

李相朝少将

「我々国連側の当初案は東海岸の高城郡・長箭港から金剛山の北側山麓を通って金城、平康、鉄原、兎山、金川、を通り、黄海南道・海州、そして西海岸・甕津半島先端の金山里に至る境界線を主張していた。今回、我々は甕津半島全域を中朝側に委ねる。従って長箭港から金川までは従来通りだが、そこから先は礼成江を南下し西海岸に至る線を境界線として主張する。また国連側は偶発的な武力衝突を防ぐため、高城郡、金化郡、平康郡の周辺部における突出部を中朝側に委ねる」とホッジス。

このホッジス発言を簡単に言い直すと、戦略的な価値など無に等しい甕津半島と高城郡、金化郡、平康郡の周辺部でイボのように敵方に突出した占領地を放棄し、中朝共産軍に移譲する。そのかわり三十八度線南側で臨津江《イムジンガン》に向かって突出している開城地区をよこせ、ということになるだろう。

ホッジス少将が発言している間、李相朝、解方ふたりの少将は無表情のまま、コメントも無く、翌十月二十六日午前十一時からの分科会スタートを確認してこの日は解散し、そして翌日、李相朝はリッジウェイ将軍がそれを見て憤激のあまり思考停止に陥ったという軍事境界線地図をホッジス少将に渡した。そこにある境界線は国連軍の夏季・秋季攻勢が開始される前の最前線そのものであり、開城地区に関するホッジス少将の要求は完全に無視され、朔寧と漣川の間にある桂湖洞から板門店を通ってさらに南下する線となっていた。早い話、共産軍はパンチボールとハートブレイクリッジをめぐる山岳戦での敗北と、平康、鉄原、金化を結ぶ鉄の三角地帯での敗北を無かったことにしており、しかも肝心の開城地区の移譲には応じず、戦略上まったく無価値な甕津半島と延安地区を国連軍に委ねるという人を馬鹿にした線引きをして来た。李相朝はそういう地図を机上に広げた上で次のように発言している。

「世界中の人々は必ずや国連側の新提案が不公平で合理性に欠けると非難するだろう。よって我々は三十八度線とは別の新しい軍事境界線を提案する。国連側と中朝側の二つの異なる提案を見れば、世界中の人々は、どちらが公正で、どちらが心から平和を求めているのかを知るだろう。我々は国連軍と中朝同盟軍双方が軍事境界線から厳密に二キロメートル後退することを提案した。これによって幅四キロの非武装地帯が生まれる」

続いて解方少将が次の通りコメントした。

「朝鮮戦争の休戦交渉は百日以上も前から続いているにもかかわらず、世界が望む平和は実現されていない。交渉はしばしば中断されたからだ。そして交渉が再開された今、中朝側と国連側の交渉官にとって必要なことは、現実に基づいて問題を解決することに尽きる。我々は朝鮮人の利益と世界が渇望する平和について真剣に考えた。その結果、三十八度線にとらわれない本日の提案に至ったのである」

ホッジス少将はただちに中朝側の提案を拒否し、「あなた方は商品を高く売りつけようと値札に御大層な金額を書き込むたちの悪い商人のようだが、あなた方はいつから悪徳商人に鞍替えしたのかね？」と言うと「我々は商人ではない。共産主義に我が身を奉ずる軍人だ」という答えが返ってきた。

翌二十七日以降、分科会は猛烈な応酬の場と化したが、日々欠かさず、ホッジスとジョイから報告を受けていたリッジウェイ将軍は中朝共産主義者の身の程知らずに腹を立て、「やはり武力で痛めつけなければ、奴らは相手の話すことに聞く耳を持たない」と吐き捨てた。

まともな会話は成り立たないと匙を投げたリッジウェイ将軍は、三ヵ月前（七月）から発動されていた《絞殺（Operation Strangle）》という名の空爆作戦に対し、出撃頻度を上げる命令を出したが、このタイミングで凶事が起きた。この日（十月二十七日）、グロスター・ミーティアジェット戦闘機十六機とF-84

S戦闘機三十二機の護衛のもと、八機のB-29が安州《アンジュ》方面へ出撃したが、この時、九十五機のMIG-15が襲いかかり、B-29二機、F-84S五機が撃墜され、かつ、護衛戦闘機は燃料切れのため戦線離脱。残存B-29六機はミグの三十七ミリ機関砲によって胴体に人が楽に通り抜けられるほどの大穴を開けられて金浦《キンポ》空軍基地に帰投した。そしてこの日以降、B-29は昼間爆撃から夜間爆撃のみとなり、早々と引退への道をたどったのだ。

バッチャーはこのきわどい瞬間を次のように語っている。

「ミグ戦闘機のおかげで怪しくなった制空権も、即座にF-86セイバー戦闘機が投入されたので事なきを得ましたが、私たちはB-29がミグに蹴散らされたので、中朝側交渉団はさだめし強気に押して来るだろうと覚悟しました。しかしミグ・ショックから四日後（十月三十一日）の分科会で、中朝側は桂湖洞《ケホドン》から板門店を経て臨津江河口に至る線だけは己の主張を通し、その他はホッジス少将が提案した内容をそっくりそのまま受け入れて来ました。後でわかったのは、このとき中朝軍には大規模な地上戦を継続できる補給物資の余力が無かったのです。それでも中朝側が開城地区を断固維持したのは、三十八度線の南方五キロの地点にある開城が古代朝鮮の首都であり、軍事的にも政治的にも経済的にも計り知れない価値ある土地だったからです。もとをただせば開城地区は韓国領であり、これを実効支配している共産軍は文字通り戦略拠点を手にしていたわけで、それゆえ、共産軍は休戦会談場所を開城へ誘致させると、『敗北して和を乞うためにやって来た国連軍』という悪質な演出をし、精強無比なる共産軍という印象を中朝両国の人民に与え、ひいては臆面もない金日成の正統性を主張したのです。また、そういうイメージ操作とは別に、開城地区を休戦会議のため中立地帯としたことで、国連軍の機械化部隊がここに雪崩れ込むことを不可能にしました。仮に、休戦交渉が病院船ユトランディアのような別の場所で行われていたなら、リッジウェイ将軍は、山岳戦を選択せず、平地が開けた西海岸から攻勢に出、またたく間に開城を占領した後、平壌の喉元を締め上げる作戦に出たでしょう」

開城が北朝鮮の正統性を語るために必要な存在であるなら、韓国の正統性にとってはなおさらだった。特に朝鮮半島から目障りな共産主義者を一人残らず叩きだすつもりの李承晩は開城に強いこだわりがあり、「開城を取り返せ！」と事あるごとにリッジウェイ将軍へ強談判《こわだんぱん》していた。そこで将軍は「共産側がどうしても開城を国連側によこさないなら、開城を特別非武装中立ゾーンにする線で押せ。それを共産軍が呑むなら非武装地帯の幅四キロという奴らの要求を認めてやろう。その線で決着しろ」と交渉メンバーに指示した。これが十一月二日のことだったが、しかし中朝側はこれも断固拒否。すると十一月六日、トルーマン大統領の意を受け、統合参謀本部は交渉の早期決着をうながす次の電文を送ってきた。[*2]

「ＪＣＳ８６２９１／トップシークレット／開城の帰属が争点になっている軍事境界線について、国連側がさらに長く時間をかけて交渉したにもかかわらず、結果として中朝共産側の主張を受け入れてしまうことになれば、奴ら《コミィ》は共産主義の大勝利と繰り返し宣伝するだろう。こういうことは避けねばならない。また、アメリカの世論は中朝共産側が三十八度線をあきらめ、ワイオミング線の北側へ境界線を引くことを受け入れたという最近の動きを承知しており、せっかく引き寄せた交渉決着への好機を開城への執着が原因で駄目にし、戦争長期化となるなら、深刻な社会問題になるだろう。開城は見込み無しと判断すべき時に至ったと考える」

休戦交渉会場をいとも簡単に開城でＯＫと言ってしまったのはトルーマン大統領の失敗だったが、今回の電文もその失敗とオーバーラップし、ひどく不吉で投げやりなものに見えた。その故に国連側交渉団はすぐにはトルーマン指令を実行に移さず、開城を特別非武装中立ゾーンにしようと手を変え品をかえ食い下がった。しかし李相朝はその都度三十八度線を持ち出して出鼻を叩き、また戦場においても共産軍は三九五高地（白馬高地《ペンマコジ》）など数カ所の丘を襲撃するなど、軍事境界線を自己に有利に持って行くため武力行使に出、交渉のペースは李少将に握られたまま推移した。こういう次第でホッジス少将はすべてが振り出しに戻ることを危ぶみ、十一月十七日の午後遅くなってから、開城についての要求を取り下げ、三項目の妥協案[*3]を提起している。

かくして非武装地帯の幅は中朝側の要求どおり四キロメートルとなり、かつ、北朝鮮は開城の領有を確実にした。

分科会は十八日から二十二日までの間に細部を煮詰め、翌二十三日に草稿が完成すると、実地検証が始まり、その結果を地図に書き込むという面倒な作業に入った。これは三十八度線のように直線一筆書きと言うわけにはいかないし、川などの自然境界が無い場合、測量器具を持ち込んで双方立ち会の上、特別念入りな検証となった。検証が済んだ境界線を地図に書き込む作業は張春山大佐とジェームス・マーレイ大佐が中心になって行われ、日本海に面した南江河口の南方五キロの九仙峰南側山麓から始まる境界線は西へ向かい、徳山里に至ったのち南江に沿って南下。その後、新岱里、新炭里、加七峰、沙汰里、文登里を経て北漢江を渡河し、金城に到達。そして最大の激戦地となった平康、鉄原、金化を結ぶ《鉄の三角地帯》の中点を通過し、駅谷川に沿って西進。朔寧と漣川の中間にある桂湖洞で臨津江を渡河。その後も西進し、芬芝里を経て板門店に至り、まっすぐ南下して再び臨津江に合流。そこでピリオドが打たれる。かくして全長二四八キロメートル、総面積九九二平方キロメートルという非武装地帯は地図に書き込まれ、十一月二十七日、ホッジス、バーク、李相朝、解方、以上四名の署名が入った地図二枚は本会議で了承された。

七月十日から始まった休戦交渉は十一月二十七日火曜日にようやく軍事境界線&非武装地帯という大きな問題を解決した。国連側は中朝共産側が最後まで食らい付いた三十八度線を退けたが、開城については中朝側の要求を全面的に呑んでしまったので、李承晩はマッカーサーならこう言う醜態は演じなかっただろうとリッジウェイ将軍を悪しざまになじっている。

ところでホッジス少将は三項目の妥協案の中に《三十日以内に休戦協定への正式署名ができない場合、すでに決着を見た軍事境界線と非武装地帯の基準は無効となり、かつ、敵対行為は休戦協定の正式署名まで継続となる》という文言を挿入したが、三十日以内とそれに続く文言は大失敗だった。

三十日以内という文言挿入はトルーマン大統領をはじめとするワシントン側の意向に沿ったからで、そこにある大統領の思惑は「軍事境界線については、開城領有を含め、中朝共産軍の満足する結果となっている。もうこれ以上やつらの屁理屈を許さないために、やつらの尻を叩いて調印を急がせよう。そのため

板門店で軍事境界線の確定作業をする
張春山大佐（右）とマーレイ大佐（左）

には三十日という制限時間を設けてやればいい。制限時間オーバーとなれば、軍事境界線は白紙に戻され、共産軍は国連軍の最先端兵器と桁違いの物量に向き合わねばならない。やつらが恐れているのはこれだ」というものだった。

いっぽう中朝側は尻を叩こうがどうしようが、まるで急ごうとしなかった。前にも述べた通り、南日は、「国連軍は現時点の接触線（最前線）に沿ってのみ軍事力を行使するだけで、それ以上の、例えば鴨緑江を越えて満州に攻め込むつもりは無く、限定的な局地戦の枠を出ない」と見切っていた。それゆえ中朝側は軍事境界線以外の協議事項に関わる合意形成に向けて熱心だったことは一度も無い。折も折、国連軍最大勢力のアメリカ第八軍司令官ヴァン・フリート大将は軍事境界線問題が片付いた十一月二十七日、麾下軍団司令官を集め、「休戦成立の迅速化を勘案し、作戦行動は陣地保持に制限する」と訓示した。

休戦交渉をしている間、最前線に緊張を強いることは難しい。案じた通り、極秘扱いだったヴァン・フリート訓示はすぐに漏れ、ＡＰ電は特ダネ[*4]としてこれを大きく報道したから、共産軍に筒抜けになった。果たして中朝側は事実上の停戦となった制限時間三十日を使い、非武装地帯の北朝鮮側に沿う強力な塹壕陣地を築き上げ、国連軍の軍事圧力をシャットアウトすることに成功している。中朝共産軍に強力な塹壕線構築を許し、南日中将にとって満足のいく回答が得られるまで休戦会議を長引かせることができるようにしてしまった《三十日》の文言挿入はトルーマン大統領最大の判断ミスである。

（２）休戦監視体制をめぐる攻防

双方が合意したホッジス文書にはトルーマンの《三十日制限》が付いていたから、中朝側は形だけでも急ぐ素振りを見せるため、十一月二十七日の午後、休戦監視体制についての討議に応じた。このときジョイ提督は偶発的な武力衝突を未然に防ぐための休戦監視を主要ミッションとする軍事休戦委員会（ＭＡＣ／Military Armistice Commission）についての七項目[*5]を提起した。なお、このとき提督は収容所で監護されている捕虜のリストを交換しようと申し出たが、南日《ナム・イル》に拒否されて後回しになっている。

ジョイの発言が終わると南日は四項目の対案[*6]を出し、そこには外国軍の無条件即時帰国という文言こそ無かったものの、「双方のすべての戦闘員は、相手側領土だった沿岸諸島ならびにそれらを取り巻く海域を離れ、後方に撤収する」という国連側にとっては受け入れがたい文言があった。なぜこれが不都合かと言うと、国連軍は朝鮮半島の沖合にあるすべての島嶼を占領しており、それらは攻撃されパラシュート降下した搭乗員救助のため、無くてはならぬ存在だったからだ。ホッジスは即座にこれをＮＧとしたが、南日は取り合わず、逆にジョイ提督七項目の中の軍事力凍結と軍事休戦委員会について激しい言葉で非難した。

南日「ジョイ提督七項目の中に②軍事力は凍結とし、双方共に兵員、装備、施設の増強は不可、とある。軍事力凍結という文言、そして軍事力増強不可という文言は、国連側の無傷の新鮮な軍隊の駐留継続と軍事物資、装備の補給継続という物騒な実態を隠蔽している。休戦協定が発効したならば、敵対行為は存在しない筈だ。なぜジョイ提督はこういう条項を提起したのか？　理由はわかっている。軍事休戦委員会とそれを下支えする関連組織は国連軍地上兵力が居続けることによってはじめて機能するからだ。

我々の主張を述べるなら、朝鮮問題の完全解決には、外国のすべての軍隊が朝鮮から撤退しなければ実現しない」

南日の対案四項目には外国軍の無条件即時帰国は無かったが、ここに来て事実上の蒸し返しがあったから。国連側交渉メンバーはうんざりだった。そして南日は長々と自説を展開し、次のように結んだ。

「外国軍即時帰国が実施されないならば、我々は国連側が提案した軍事休戦委員会の設立を拒否する。そもそも監視監督機関が朝鮮のすべての地域に自由に立ち入って査察するという行為は実に厚かましい内政干渉で、我々は絶対に同意しない。国連側によって提起された軍事休戦委員会は平等公平であるべき休戦下にあって、まったく不合理で非現実的であり、完全に不当である」

　これに対し国連側は、南日が査察を嫌がるのは見られてまずいものが山ほどあるからだと見ていたから中朝共産軍の休戦協定破りを未然に防ぐことに熱心で、新たな紛争の可能性が少しでも感じられたなら、即座にこれを刈り取ってしまおうとしており、北朝鮮での飛行場新設はもちろん、修復ですら禁じたのはこういう動機から出ている。かくして険悪な空気がぶり返し、十一月二十七日火曜日の会議は終わった。なおこの日をもって交渉メンバーのバーク海軍少将はリビー海軍少将と交代。またクレーギー空軍少将もターナー空軍少将と交代。そして韓国軍の代表李亨根《イ・ヒョングン》少将は劉載興《ユ・ジェフン》少将へと交代した。

　十一月二十八日から十二月二日までの五日間、南日はいかなる形であれ、軍事力の制限に反対し、そのような制限を助長するいかなる監視体制にも反対し、すべての外国軍の即時撤退をがなり立てた。いっぽう国連側は当初の提案に加え、飛行場の復興、改築はもちろん、新設もＮＧという立場をつらぬいている。

　風向きが変わったのは十二月三日のことで、南日は二つの新対案[*7]を出した。一つ目はジョイ提督が述べた現在の軍事力維持を認め、二つ目で朝鮮戦争を通し中立を保った国の代表から成る監視監督機関の設立に同意した。この時、国連側は《沿岸諸島およびそれらを取り巻く海域》というきびしい問題を棚上げし、そのかわり「休戦監視体制」と「捕虜」に関わる二つの分科会の同時立ち上げを提案している。

南日はこれを了解したけれども、捕虜についての分科会は、結局同時立ち上げとはならず十二月十一日が第一回目になった。捕虜分科会がその後どのような道をたどったかについては、いったん脇に置き、休戦監視体制分科会に焦点を合わせる。

十二月四日火曜日の休戦監視体制分科会（第一回目）でホッジス少将は八項目から成る修正案[*8]を提起した。ここでの重要事項は、中立を保った国から選出された委員で構成される軍事休戦委員会（ＭＡＣ）の役割と権限だったが、バッチャーは次のように回想している。

「このとき中朝側は《すべての沿岸諸島からの国連軍撤退》について言及しなかった代わりに、軍事休戦委員会（ＭＡＣ）にテーマが移った時、とんでもないことを言い出しました。《中立を保った国》の中にソ連を入れるよう要求したのです。この要求にホッジス少将は目を剝き、空軍から派遣されたターナー少将はミグ戦闘機のパイロットがほとんどロシア人なのを目撃していましたから、心底あきれていました」

相手がソ連を中立国だと本気で言い出し、それを押し通そうとしているのを知って、国連側が愕然としている時、まったく別の衝撃がリッジウェイ将軍を襲った。

衝撃は十二月七日、駐韓アメリカ大使ムチオが将軍に宛てて釜山から発した次の電文である。

「李承晩大統領は私に向かって次のように言いました。『私は韓国軍を交戦期間だけ国連軍司令官の作戦指揮下に入れると約束した。だから休戦が決定した場合、その瞬間から韓国軍は国連軍の戦時作戦統制権から離脱し、大韓民国大統領の直接指揮下に戻る。大韓民国政府および韓国軍は国連軍司令官リッジウェイ将軍が締結しようとしている休戦協定には従わない』／以上取り急ぎお知らせいたします／ジョン・ジョゼフ・ムチオ」

この電文は釜山に疎開中の李承晩大統領がムチオ大使を呼びつけて「もしも休戦となれば、韓国軍はアメリカの思惑とは別の行動をとる。すなわち戦争は継続だ！」と叫んだ事実を指している。李承晩は休戦に向けて加速したように見える交渉の流れを劉載興《ユ・ジェフン》少将から漏らさず聞いており、そこで李承晩は感情のおもむくまま、ムチオに憤懣と身の程知らずの強がりをぶつけた。またムチオレターから四十二日後（一月十八日）に宣言された李承晩ラインも休戦協定には従わないぞという意思表示と同じ脈絡上にある。李承晩は反共とは比較にならないほど日本憎悪に凝り固まっていたから、李ラインも事なかれ主義で行こうというアメリカの方針につけ込んだ行為だった。

ともあれ、休戦監視体制は捕虜問題が片付かなければ着手できないと分かり、捕虜の扱いが決定するまで延伸となった。トルーマン大統領が言い出した《制限時間三十日目》にあたる十二月二十七日はアッと言う間に過ぎ、何とその翌々年三月五日にスターリン死去が報じられるまで、不毛の堂々めぐりが繰り返された。

註

＊1　李相朝／一九一五年生まれ、一九九八年死去（享年八十三歳）。慶尚南道東莱区に生まれ、親に連れられて満州に移住。長じて後、満州で抗日運動に参加。中山大学を卒業後、中央陸軍軍官学校を卒業し、一九三八年十月、朝鮮義勇隊で活動を開始。一九四〇年に中国共産党に入党。一九五五年八月に駐ソ連大使としてモスクワ赴任。一九

五六年に金日成の独裁体制を打倒する事件に参加。事件発覚直後、ソ連に亡命。一九八九年にソウルを訪れ、朝鮮戦争は北朝鮮の南侵計画によって始まったことを暴露した。以降、韓国に移住。一九九二年一月、脱北者組織の朝鮮民主統一救国戦線に参加する。一九九八年に病死した。享年八十三歳。

＊2　開城の獲得を断念し、軍事境界線と非武装地帯について速やかに決着をつけろと命ずる電文には、トルーマン大統領への国務省勧告が大きく作用している。それは十月五日、モスクワ駐在アメリカ大使アラン・カークがソ連外相ヴィシンスキーと午後二時から四十五分間、面談したことが発端だった。カーク大使の面談目的は朝鮮戦争の休戦交渉にソ連の影響力を発揮してもらえるかどうかの打診だったが、ヴィシンスキー外相の答えはにべもないもので、「ソ連は中朝側に休戦条件を緩和して早期妥結をはかるよう仲介勧告をするつもりは一切ない。国連大使マリクは休戦提案をしたけれど、それはソ連が和平仲介をすると言う意味ではない」とあった。

この発言についてケナンおよびボーレンという国務省のソ連専門家、そしてルーズベルト時代に初代モスクワ駐在アメリカ大使だったジョーゼフ・デーヴィスは《スターリンの漁夫の利説》に言及した。それは中国とアメリカを戦わせて、双方を消耗させ漁夫の利をねらうスターリンの罠についてであり、一刻も早く朝鮮半島から撤収すべきだと勧告していた。バッチャー教授が開城放棄をトルーマンの失敗と見ているのはこのことを知らないからである。ともあれ、国務省の面々はまさしく本質を言い当てており、中朝共産軍はスターリンのあやつる糸のもとに動いていた。そのことはスターリンが死んで葬儀が終わるのと同時に休戦協定締結となったことが物語っている。

＊3　ホッジス少将の三項目妥協案

①国連軍と中朝共産軍の接触線（最前線）を軍事境界線とする。別途定める日時に双方の地上兵力は軍事境界線から二キロメートル後退し、ここに生じた幅四キロメートルの土地を非武装地帯と定める。

②休戦交渉分科会は軍事境界線と非武装地帯の基準となる現在の接触線（最前線）を速やかに確定し、休戦交渉本会議でこれに承認を得、決着させる。同決着日から数えて三十日以内に捕虜問題など休戦交渉のすべての協議事

項が合意に到達し、休戦協定正式署名となるならば、その間に不測の武力衝突が起きて、実際の接触線（最前線）が変化しても、軍事境界線と非武装地帯はそのままとし、変更しない。

③三十日以内に休戦協定への正式署名ができない場合、すでに決着を見た軍事境界線と非武装地帯の基準は無効となり、かつ、敵対行為は休戦協定の正式署名まで継続となる。この場合、分科会は休戦協定の正式署名日までの間に、変化した接触線（最前線）と整合を取り、軍事境界線と非武装地帯の基準を改訂する。

＊4　この特ダネはAP通信特派員ランドルフによる報道で、一時的なものであるにせよ完全な戦闘停止命令の存在を認めるものだったから、関係者は一様に困惑した。この時、トルーマン大統領は十一月八日から十二月九日まで休暇を取り、フロリダ州キーウェストで静養中だったが、大統領は十一月二十九日に静養先で記者会見を開き、「私は朝鮮の第八軍に対し、停戦三十日を命じた覚えはない。そのような停戦は休戦交渉に悪影響を及ぼすに決まっている。第一、そんなことをすれば国連軍を危険にさらす可能性がある」と声明した。キーウェストでのトルーマン声明は《Public Papers of the Presidents of the United States ／ Harry S. Truman ／ 1951, page 637》に存在する。

＊5　ジョイ提督の休戦監視体制に関わる七項目

①休戦の発効は協定書への署名から二十四時間以内とする。

②協定調印後、軍事力は凍結とし、双方共に兵員、装備、施設の増強は不可とする。

③協定の諸条項を誠実に実行するため、双方は共同で監視監督組織を平等公平に設立する。

④監視監督組織の中核をなす《軍事休戦委員会（ＭＡＣ＝Military Armistice Commission）》は、その機能を充分に果たすため、以下四つの下部組織を創設する。

・合同監視チーム＝ＪＯＴ＝Joint Observer Teams

・中立国監視委員会＝ＮＮＳＣ＝Neutral Nations Supervisory Commission
・中立国検査チーム＝ＮＮＩＴ＝Neutral Nations Inspection Teams
・中立国捕虜送還委員会＝ＮＮＲＣ＝Neutral Nations Repatriation Commission

⑤すでに合意された《軍事境界線と非武装地帯＝第二条》の規定に従い、双方の軍隊は敵対地域から速やかに撤収する。
⑥非武装地帯には、双方が特別に合意した場合を除き、どちらの軍隊も駐留禁止とする。
⑦非武装地帯は軍事休戦委員会（ＭＡＣ）によって監視監督される。

＊6　南日の四項目対案（十一月二十七日）

①中朝同盟軍と国連軍双方は、休戦協定調印の瞬間からすべての敵対行為を停止する。
②双方のすべての戦闘員は、休戦協定調印後三日以内に、相手方非武装地帯から撤収する。
③双方のすべての戦闘員は、休戦協定調印後五日以内に、自国領非武装地帯を離れ、後方に撤収する。また双方すべての戦闘員は、相手側領土だった沿岸諸島ならびにそれらを取り巻く海域を離れ、後方に撤収する。もしも双方のすべての戦闘員が定められた期限内に撤退せず、かつ、撤退が遅れるしかるべき理由が示されていない場合、相手側は、安全と秩序を維持するため、そのような戦闘員に対し、必要なすべての措置を講ずるものとする。
④双方のすべての戦闘員に対しては、相手側領土と自国領土とを問わず、非武装地帯に入ることを禁じ、また同様に、非武装地帯に向かって武力行使に出ることを禁じるものとする。

＊7　南日の二項目新対案（十二月三日）

①休戦調印後に控えている講和へのプロセスを確固たるものとするため、そして同時に休戦状態の安定性確保を容易にするため、双方はいかなる事態になろうと、新規に兵員、武器、弾薬を朝鮮に持ち込まないことを確約し、これをもって両陣営が集うハイレベル政治会議開催を円滑化させるものとする。

②双方は、休戦協定の具体的な取り決めとその履行の監督にあたり、共同で責任を負うため、朝鮮戦争を通し中立を保った国の代表から成る監視機関の設立に同意する。監視機関の設立にあたり、双方は当該機関を構成する同数の機関メンバーを指名できるものとする。

＊8　ホッジス少将が提起した八項目の修正案

①休戦の発効は協定書への署名から二十四時間以内とする。
②双方の軍隊は、休戦協定発効後二十四時間以内にあらゆる敵対行為を停止し、非武装地帯から撤退する。
③非武装地帯外の相手側領土からの撤退は休戦協定発効後五日以内とする。
④撤退遅延の理由もなく規定時間内に撤退しない場合、相手方は安全と秩序を維持するため、挙動不審の武装兵に対し、必要なすべての措置を講ずることができる。
⑤非武装地帯には、双方が特別に合意した警察隊を除き、双方すべての軍隊の立入を禁止する。
⑥休戦発効後の状態安定を担保するため、双方は兵員、装備、補給資材、ならびに軍事施設は現状維持を確約し、これをもってハイレベルな政治会議の開催を円滑促進させる。
⑦双方は、休戦協定全体の監督に共同で責任を負う軍事休戦委員会（ＭＡＣ）を立ち上げるため、中立を保った国からおのおの同数の委員を指名できる。
⑧軍事休戦委員会（ＭＡＣ／Military Armistice Commission）の権限
・ＭＡＣは朝鮮全土への立ち入り権限を有する。
・ＭＡＣは朝鮮全土での飛行監視と航空写真撮影の権限を有する。
・ＭＡＣは、非武装地帯を監視する権限を有する。

第二章
長期化した休戦交渉

1　捕虜をめぐる攻防

（1）任意送還か否か

一九五一年十二月十一日が第一回目となった捕虜分科会の代表は、国連側、リビー海軍少将＆ヒックマン陸軍大佐、そして中朝側は李相朝《リ・サンジョ》中将（北朝鮮）＆蔡　清　文《ツァイ・チャンウェン》大佐（中国）だった。

分科会冒頭、李相朝は、「我々は迅速な休戦協議妥結を望んでおり、そのために最善を尽くす。我々は捕虜に関する協議が合意に達したなら、すぐに捕虜を釈放して全員本国送還の上、家に帰し、幸せな日常に戻さねばならない。休戦協定が署名されたなら、発効を待たず、即刻すべての捕虜を釈放しよう」と述べ、それが終わるとリビーが捕虜交換についての五原則[*1]について語った。この時、リビーはたびたびジュネーヴ諸条約[*2]の捕虜条項に言及し、捕虜の人道的な扱いと、捕虜の帰還先を捕虜自身が決める《任意送還》が国連側の大原則だと述べて発言を終えた。すると李相朝は任意送還と聞いて気色ばみ、「捕虜は例外なく全員本国送還であり、これこそは揺らぐことのない我々の根本原則だ」と大声を上げた。

なぜ中朝共産軍は本国送還に固執するのか？

中国共産党にとって聞き捨てならないものは「国連軍収容所に拘留されている中国人捕虜の半数が大陸へ帰ることを拒否し、台湾の蔣介石軍に合流する」という風説であり、しかも、そう仕向けたのがアメリカだと言う。そういうことであれば任意送還を認めるわけにはいかない。そして北朝鮮は戦後復興にあたり、スターリン流の強制労働で乗り切ろうとしていたから、またここで任意送還を認めてしまえば、国連軍収容所に拘留されている大量の朝鮮兵と朝鮮民間人は李承晩によってごっそり南朝鮮に持って行かれるだろう。そんなものは認められない。こういう次第で中朝側は「任意送還もってのほか！」と大反対したのだ。するとリビーは朝鮮戦争勃発直後の七月十三日に北朝鮮の外交部長朴憲《パク・ホニョン》永が国連事務総長トリグブ・リー（ノルウェー人）に送った書簡の写しをファイルから取り出して読み上げた。そこには「朝鮮民主主義人民共和国（北朝鮮）はジュネーブ諸条約を遵守する」とあり、これに韓国兵を除く捕虜、計一一〇人の国連軍兵士の出身国を書いたリストが添えられていた。

リビー「平壌放送は六万人の国連軍捕虜を拘留中だと何度も放送した。捕虜の数が一一〇人程度である筈はない。韓国兵を含む捕虜全員のリストを要求する。話はそれからだ。我々をいいカモだと思うのは勝手だが、しかし我々の要求に対する無意味なはぐらかしはお終いにしよう」

すると李相朝は鼻先で笑って次のように言った。

「双方がすべての捕虜を解放するのと、双方が拘留しているすべての捕虜情報を交換するのと、いったいどちらが重要な問題かお尋ねしたい。情報交換を優先するとなれば捕虜が自由の身になるのは遅くなる。それからジュネーブ諸条約について言えば、我が国の朴憲永外交部長は国連事務総長に対し、確かにその旨の挨拶はした。しかし我々はこの条約にまだ署名していない。だから任意送還を呑む必要もない。捕虜情報にしても、はい承知しました、とは行かない」

リビーは、李相朝が得意の定番メニューとなった論点ずらしに出ようとしていると感づき、舌打ちをした。思った通り、李相朝は「国際赤十字代表団が捕虜収容所を訪れる件は唐突すぎてついて行けない」と言い出している。

このような押し問答が数日続き、十二月十八日、双方は捕虜リストを交換することになったのだ。以下は交換した捕虜リストのサマリーである。

①リビー提督が手渡した文書

国連軍に抑留された中朝共産軍捕虜＝十三万二四七四名

内訳　北朝鮮人＝十一万一七七四名、中国人＝二万七〇〇名

②李相朝将軍が手渡した文書

中朝共産軍に抑留された国連軍捕虜＝一万一五五九名

内訳　南朝鮮人＝七一四二名、アメリカ人＝三二〇一名（米国籍日系人三名を含む）、イギリス人＝九一九名、トルコ人＝二三四名、フィリピン人＝四〇名、フランス人＝一〇名、オーストラリア人＝六名、南アフリカ人＝四名、カナダ人＝一名、ギリシャ人＝一名、オランダ人＝一名

李相朝は捕虜リストを交換する前に、捕虜関連五原則[*3]を提起しており、繰り返しになるが、その中で最も力を入れたものは《全捕虜の本国送還》で、これについてバッチャーは次のように回想している。

「李相朝は、休戦協定調印後三十日以内にすべての捕虜を交換し、かつ、深刻な病人は十日以内に交

換しょうと持ちかけることから始めましたが、その主張の核心は《全捕虜の本国送還》を国連側に呑ませることであり、その代わりソ連を軍事休戦委員会（ＭＡＣ）のメンバーに招請したいという要求は取り下げると仄めかしました。これに対しリビー提督は『あなたの提案は適切な時期に議論する。適切な時期とは、現実に即した中身の濃い議論をするための十分な情報が交換できた後のことであり、かつ、国際赤十字による即時訪問についてあなたが了解した後のことになる』と応じました。これで十二月十八日の分科会は終了し、交換した捕虜情報を精査するため二十日まで二日間休会となったのです。提督は汶山《ムンサン》に帰るとすぐ国連軍参加国に中朝側が発行した捕虜リストを渡し、名前の突合せを依頼しました。それにしても李相朝が出してきた捕虜の数一万一五五九名は少な過ぎます。北京放送や平壌放送を使って六万五〇〇〇人の国連軍兵士を捕虜にしたと自慢していたあの数字は何だったのか。とりわけ大騒動になったのはその数九万五〇〇〇名という韓国軍が申告した行方不明者で、李相朝リストに記された南朝鮮人捕虜七一四二名とでは差が開きすぎて話になりません。李相朝リストは杜撰で信頼性に乏しい！　提督はこれで相手を締め上げようと考えて十二月二十一日の分科会に臨みましたが、討論の口火を切ったのは李相朝で、先手を取らせたことが提督のミスでした。共産主義者はいつも性悪なブラフをかませて来ますが、この時も『国連軍から渡された情報は、情報の体を成していない。捕虜の実数は十三万二四七四人ではなく、十七万六七三三の筈だ。その差四万四二五九人はどこへいった？』から始め、そしていつ果てるとも知れない李相朝の独演会となりました。なぜ李相朝が端数まできっちりした中朝側捕虜の人数を知っていたのかというと、これは白善燁《ペク・ソニョプ》少将の言ですが、ソウルであろうと釜山であろうと、国連軍捕虜収容所には共産党のスパイ網が張り巡らされており、これが正確な人数を調査し、収容所の外に居る北朝鮮軍に好意的な協力者を通じて、南日と李相朝に報告しているとありました」

その差四万四二五九人について、リビーは任意送還へ討議の重心を移すチャンスと見て次のように応じている。

「ご指摘の四万四二五九人だが、我々は捕虜一人一人について大まかな身上調査をした。四万四二五九という数字は、中華人民共和国への本国送還を望まない中国人兵士である」

国連軍捕虜収容所ではジュネーブ諸条約の規定を勘案し、捕虜の氏名や出身地という基本情報とは別に、《本国送還》を望むか否かについての身上調査マニュアルが数パターン用意されていた。一例を示せば、相手が中国人捕虜の場合、最初の質問は「中国に帰りましょう。そうしませんか？」から始まった。答えが肯定的だった場合、捕虜にはそれ以上質問せず、本国送還希望者の欄にマークが入る。そして否定的に答えた捕虜の場合、その否定が何気なしの思い付きか、それとも本気で激しく拒否しているのかどうか見極めるため、「あなたは強制的な本国送還を拒否しますか？」が二番目の質問になった。この場合、答えは「拒否する」「間違えました拒否しません」「無言で考え込む」が用意され、間違えたと無言は本国送還希望者の欄に挿入されたが、「拒否する」の場合、捕虜はさらに五つ質問された。

①「本国送還拒否という意思表明があなたのご家族にどれほど重大な影響を与えるか注意深く考えましたか？」

②「本国送還拒否の場合、あなたは国連軍の収容所に長く留め置かれることになるかも知れません。あなたはそれを承知していますか？」

③「国連軍は、本国送還拒否したあなたを本国以外の特定の場所に送ると約束したことはありません。このことは承知していますか？」
④「あなたはそれでもなお、本国送還を拒否しますか？」
⑤「あなたの強固な拒否という意思表示にもかかわらず、国連軍があなたを強制的に本国送還するとした場合、あなたはどうしますか？」
最後の《国連軍による強制本国送還》が問われた結果、捕虜が自殺に言及したり、死ぬまで戦う、あるいは死を覚悟して逃亡を図るなどに言及して初めて、本国送還拒否欄にマークが入った。なおこれら身上調査マニュアルはマル秘扱いだったが、北のスパイは本当にどこにでもいたから、すべて筒抜けだった。

「さて、今度は私が質問したい」

そう言って、リビーは李相朝申告のあまりにも少ない捕虜一万一五五九名について説明を求めた。すると李相朝は次の様に述べ、リビーを煙に巻こうとしている。

「投降した多数の南朝鮮兵を尋問してはっきりしたことは、これらの兵員すべてが戦争反対を叫んでおり、心底、家族の下に帰りたいと願っていた。だから、不戦の誓いをした捕虜を積極的に解放することが我々の基本方針になったのだ。家族のもとに帰った捕虜は……」

「ちょっと待った！　捕虜になった韓国軍兵士が最前線を越えて家族のもとに帰った話など聞いたことがない」とリビー。

「最後まで聞いていただきたい。南朝鮮の人民は我々が心底人民に奉仕し、心底人民のために働いていることをよく知っている。我々は捕虜を解放し、家族のもとに戻すことで本当の自由を与えたのだ。国連側の予想より捕虜の人数が少ない理由の一つがこれだ。そして人数が少なくなったもう一つの理由は、国連軍の無差別爆撃である。非常に多くの国連軍捕虜が国連軍の空爆で収容所ごと吹き飛ばされて死んだ」

日がとっぷり暮れたころ、分科会が終わって汶山に戻ったリビーは、この日の顛末を次の六カ条に要約してジョイ提督ほか交渉団一同に報告している。

①共産軍の収容所に拘留されている国連軍捕虜全体に関しての説明はまったく信用できず、あきれるばかりの回答に終始した。

②李相朝は口を開くや否や、「すべての捕虜は解放され、自由の身にならねばならない」と主張しているけれども、それが意味するものは《すべての捕虜の本国送還》であって、《任意送還》は拒否を貫いている。

③李相朝は捕虜となった韓国兵を再教育後、解放したと言っている。再教育は強制したものではなく、韓国兵捕虜の要求にもとづいてカリキュラムが組まれたそうだが、信ずるに値しない。ともあれ、洗脳教育が行われたのは事実と思われる。このような洗脳プロセスを経て北朝鮮軍に組み込まれた元韓国軍兵士が捕虜となって国連軍収容所に拘留されている。これは非常に警戒すべきことで、特に元韓国軍兵士の中にはみずからの意思で北朝鮮軍に投降した多数の脱走兵がおり、これら脱走兵は李相朝の言う通り、自主的に北朝鮮軍の再教育を受けた可能性は高い。

④すべての捕虜の本国送還を主張する李相朝に私が告げた警告は次の通り。

「国連側の提案はすべての捕虜の解放を想定しており、この点は中朝側の主張と一致している。しかし捕虜は一人一人の意思で帰還先を決定する《任意送還》によって処遇されねばならず、すべての捕虜の《無条件本国送還》は認めない」

⑤李相朝は「三十八度線の南側から北朝鮮へ流入した難民は休戦協定の署名と同時に元の場所へ戻ることを許可したい」と述べた。これについて私は「北朝鮮であれ南朝鮮であれ、難民を元の居場所に戻すべきであり、これに異存はない」と答えた。

⑥李相朝は中朝共産軍の管理する捕虜収容所に慰問物資を持った国際赤十字の代表が立ち入ることを断固拒否した。

このリビー報告の翌日（十二月二十二日土曜日）、リッジウェイ将軍は横田基地に置かれた極東放送（ＦＥＮ）のマイクを通じ、中朝側の捕虜収容所に国際赤十字メンバーが訪問することを許可願いたいむね、金日成と彭徳懐《ポン・ドーファイ》に要請した。すると翌日中朝側はラジオで次のように回答した。

「我々の捕虜に対する人道的な扱いと手厚い配慮は、我々が提出した捕虜についての詳細で明確なリストを見れば納得できる筈だ。したがって我々は国際赤十字の代表が我々の捕虜収容所を訪れること自体不必要であると見なし、訪問を許可しない。ただし、休戦協定が調印され、発効した後、国際赤十字の代表とソ連ほかがメンバーとなる軍事休戦委員会（ＭＡＣ）がうち揃って北朝鮮軍の捕虜収容所を訪問することまでお断りとは言わない」

その後、捕虜分科会は一日の休みも無く続けられたが、決着の目処はまったく立たぬまま、十二月二十七日のトルーマン期限を通り越して新年を迎えてしまった。この間、韓国政府は十一万三〇〇〇の民間人が中朝共産軍によって拉致されたと訴え、いっぽう、中朝共産軍は李承晩の私兵（韓国軍のこと）が五十万の北朝鮮人を三十八度線の南に連れ去ったと主張した。どちらも話を大げさに盛るのが当然と来ているから、正確な数字を求めても無理というものだ。

一九五二年一月二日、二十回目となる捕虜分科会でリビーは国連軍が抑留している捕虜の数は最初に通知した十三万二四七四人ではなく十一万六二三一人だと告げ、その差一万六二四三人は北朝鮮軍に組みこまれていた元韓国兵と元韓国難民だと説明した。この一万六二四三人は北朝鮮から見れば「国連側の強制的な身上調査のおかげで、本国送還を拒否し、任意送還の道を選らんだ北朝鮮兵」ということになる。リビーはその変更通知をした上で次の四カ条を提案したから、会議場の空気は険悪になった。
①無条件で捕虜全員を本国送還するという中朝側の案は拒否する。
②本国送還を自分の意思で選択した捕虜は一対一で交換する。
③双方が拘留している全難民は、希望すればもと居た国へ送還する。
④強制的な本国送還を防止するため、国際赤十字は捕虜交換の場ですべての捕虜に対し、聞き取り調査を行う。また同様に、国際赤十字は難民全員に、聞き取り調査を行う。
李相朝はリビーの提案を検討するため明日までの休会を要求して散会となったが、翌三日、李相朝はこれを完全に拒否したから、国連側の挫折感は深い。以下は一月七日月曜日東京時間午後十一時五十八分にリッジウェイ将軍がワシントンに打った電報（C６０９６１）で、ここから国連軍交渉団の落胆ぶりが見て取れる。

「中朝共産軍は、我々が第三次大戦の誘発を恐れて大規模な地上戦を仕掛けることはないと見切り、核兵器も使用しないと涼しい顔をしている。これに加え、中朝共産軍はミグ戦闘機を手にしたことで制空権を獲得しようという新たな野望を持つに至っている。かくして休戦交渉は完全な麻痺状態に達した。中朝共産軍には休戦協定を締結しようという意思はゼロに等しい。我々は積極的な地上作戦の展開と核兵器の戦略的使用に踏み切るつもりで交渉に臨まなければ、気づいた時には釜山から海に蹴落とされているだろう」

これをブラドレー統合参謀本部議長から報告されたトルーマン大統領は中朝共産軍の態度に激怒し、日記に「これは全面戦争だ。核を使って共産主義者を震え上がらせてやる！」と、かつて自分が解任したマッカーサー元帥の言葉をそのまま書いた。だがこの時、トルーマンには休戦に傾いている民意を総力戦に向かって押し戻す力はない。

リッジウェイ電報を裏付けるように中朝側は分科会そのものを否定する行為を繰り返した。李相朝と蔡清文がリビーに対し一方的に誹謗中傷の言葉をぶつける場に変わった捕虜分科会は一月十七日に三十五回目をもって何も生み出すことなく消滅。かくして捕虜問題はワンランク上の本会議で協議となり、二月三日、南日将軍は八項目の提案を出した。[*4] しかしこの中にさりげなく記載された《本国送還》は言葉巧みに表面を取り繕っただけのまがい物で、実体はリビーが断じて許さなかった強制本国送還であることがはっきりし、物別れに終わってしまった。

（2）無視されたトルーマン声明

休戦交渉はたまに本会議が開かれる他は、分科会よりも軽い位置付けの参謀将校ミーティングが細々と続けられたけれど、ここでも国連側は舐められており、軍事休戦委員会（ＭＡＣ）のメンバーとしてソ連の参加が蒸し返された。そして二月十八日、巨済島《コジェド》の国連軍捕虜収容所で抗議デモとハンガーストライキが起きる。これは収容所に潜入した共産党工作員が「食料に毒が仕込まれたぞ。アメリカ人は捕虜を実験動物にするつもりだ」とささやいた流言飛語が元になっており、かくして暴動に発展し、収容所が共産主義者に乗っ取られたような具合になった。

三月二十日の参謀将校ミーティングで軍事休戦委員会（ＭＡＣ）が立ち入り検査をする双方五つの入港地（北朝鮮＝新義州《シニジュ》、清津《チョンジン》、興南《フンナム》、満浦《マンポ》、新安州《シナンジュ》／南朝鮮＝仁川《インチョン》、大邱《テグ》、釜山《プサン》、江陵《カンヌン》、群山《クンサン》）が合意されたけれども、これとて国連軍爆撃機が南浦と平壌を結ぶ補給網を猛爆したから合意に至ったのだ。だが中朝側は巨済島での毒物事件を取り上げ、「これは国連軍の落ち度によるものだ。よって軍事休戦委員会メンバーにソ連を入れろ」と大声で喚いた。

四月二十八日の本会議は二月十九日に中断して以来となる四十四回目の会議だったが、偶然にも、この同じ日、リッジウェイ将軍には北大西洋条約機構・欧州連合軍最高司令官への辞令が下っている。

さて休戦交渉本会議だが、冒頭、ジョイ提督は、①北朝鮮における航空隊の建設と飛行場の修復、②捕虜の自由意志に基づく任意送還、③軍事休戦委員会（ＭＡＣ）の構成メンバー、という休戦協定締結の妨げとなっている未解決問題に言及し、「私は速やかな休戦協定の妥結を望み、北朝鮮における航空隊建設と飛行場修復に関する制限を緩やかなものにしようと思う。だが、この譲歩は《捕虜の任意送還》と《軍事休戦委員会メンバーからソ連を除外し、ポーランド、チェコスロバキア、スウェーデン、スイスという四カ国を構成メンバーにすること》、以上二つを中朝側が受け入れるか否かにかかっている。これは国連側が提起する最後の譲歩だということを理解していただきたい」と言って発言を終えた。すると南日は「慎重に取り扱うべき提案なので、三日間の検討時間を要求する」と応じ、休会となった。

休会が終わり、五月二日金曜日、南日は、例によって長く激情的なプロパガンダの大洪水で国連側をうんざりさせ、そうしておいて、ジョイの提案に対する中朝共産側の案を次のように発表した。

「世界中の平和を愛する人民が願っている速やかな休戦協定妥結のため、軍事休戦委員会構成メンバーをポーランド、チェコスロバキア、スウェーデン、スイスという四カ国にしたいというジョイ提督の申し出に対し、我々はそれを前向きに検討する用意がある。ただしそのための条件は二つ。

第一に、中朝側収容所に拘留されている一万一五五九人の国連軍捕虜と引き換えに、国連側収容所に拘留されている十三万二四七四人の中朝側捕虜を無条件で本国送還すること。第二に、北朝鮮軍航空隊の建設および北朝鮮領土での飛行場の復旧と新規建設を了解すること。この二つを国連側が了解するならば、我々は軍事休戦委員会構成メンバーの中にソ連を入れる要求を撤回する」

これについてバッチャーは次のように回想している。

「南日は、我々が捕虜の数十三万二四七四人を十一万六二三一人に変更したことは眼中になかったようです。ともあれ、これは即座にジョイ提督が拒否しました。さらに提督は、意外にさばさばした様子で、『我々が一月二日に変更申告した十一万六二三一人という捕虜の数は間違いで、十万五〇九七人が正しい。訂正する。よって本国送還希望者は八万二四九三人に、そして本国送還を拒否する任意送還希望者は二万二六〇四人が正しい』と告げています。これ以後、会議は荒れに荒れ、中朝側の猛烈な非難、罵声の嵐になりました。そしてこれ以後、中朝側はいかなる提案にも耳を貸さず、ただひたすら捕虜十三万二四七四人全員の本国送還を大声で繰り返し、足りない分は捕虜一名を金額換算し、ペナルティーとしてこれをドルで支払えと仄めかしてきました」

この問題に関し、五月七日、トルーマンは次の大統領声明を出した。

「去年七月、国連軍は朝鮮半島に雪崩れ込んだ共産軍を押し返し、その結果、国連軍は共産軍に対し侵略行為は割に合わないと証明して見せ、自由主義世界の人々には新たなる希望をもたらしました。

このときソ連は国連大使だったヤコフ・マリク氏の発言を通じて、朝鮮半島の紛争は休戦に向かうべきだと声明し、そこでリッジウェイ将軍は平和的解決を見いだそうという真摯で誠実な大志を抱いて、朝鮮半島の共産主義者たちと休戦交渉を開始したのです。

苦難につぐ苦難の月日が過ぎ、休戦交渉の争点は今や三つに絞り込まれています。

その一つは《捕虜が自分自身の送還先を自由に選定できる任意送還か、あるいはすべての捕虜は無条件本国送還か》、そしてもう一つは《北朝鮮における航空隊の建設と飛行場の復興新設を認めるか否か》、最後の一つは《休戦監視はどのような体制で創設すべきか》です。

この三つの問題に対するリッジウェイ将軍の答えは
①捕虜の送還は捕虜が送還先を選定できる《任意送還》とする。
②北朝鮮における航空隊の建設と飛行場の復興は禁止しない。
③国連軍が選出したスウェーデンとスイス、そし中朝共産軍が選出したポーランドとチェコスロバキアという四カ国の代表者によって構成される軍事休戦委員会（ＭＡＣ）が休戦の監視監督を実施する。
となっており、休戦交渉の合意は、中朝共産側がこの三点をすべて受け入れなければ合意到達とはならない。これが私たちの立場です。

トルーマン大統領

これまでのところ、共産主義者は意欲だけを示し、合意形成の寸前で身をかわすと言う態度を続けています。重ねて申し上げると、質問に質問で返して見たり、際限なく付帯条件を追加し、実質的な譲歩は一切しないと言ういかがわしい手法は交渉の遅れを招くだけです。

リッジウェイ将軍と国連軍休戦交渉官が身をもって示した忍耐は至高の賞賛に値します。共産側のまったく理不尽で高飛車な態度にもかかわらず、国連側交渉官たちは休戦のための実質的な条件を精査し、合意に達しようと多大な貢献をして来ました。リッジウェイ将軍が提起した三条件は、残りの問題を一挙に解決するための賢明な方法であり、心から平和を望んでいる人々にとって福音となるでしょう」

だが、このトルーマン声明は、交渉には何ら益することなく終わった。その理由は、声明が発せられる前、すなわち現地時間七日午後三時十五分（ワシントン時間六日深夜一時十五分）に巨済島《コジェド》事件が起きたことが大きく災いしたからだが、それとは別にトルーマンがすでに過去の人[*5]だったからだ。

註

＊1　リビーが提起した捕虜交換についての五原則

①捕虜の交換は公正かつ公平に、適切な監督の下で行うこと。

②交換前および交換中、捕虜はジュネーヴ諸条約で規定された通り、人道的に扱われること。

③双方は捕虜収容所を訪問する国際赤十字代表団を受け入れること。

④捕虜交換に先立ち、すべての捕虜の名前、国籍といった関連情報リストを交換すること。

⑤重篤な傷病兵捕虜を即時交換すること。

＊2　ジュネーブ諸条約の内、一九四九年八月十二日に成立した《第三条約》は捕虜の待遇についての規約で、詳細

は防衛省ホームページにある。→　https://www.mod.go.jp/j/presiding/treaty/geneva/geneva3.html

＊3　李相朝の提起した捕虜関連五項目

①双方はすべての捕虜を釈放すること。

②休戦協定署名後、三十日以内に全捕虜の本国送還を完了すること。

③重篤傷病兵捕虜は最優先で本国送還を完了すること。

④双方の捕虜交換場所は板門店および開城とすること。

⑤双方は釈放された捕虜の本国送還委員会を設立し、休戦協定に従って、同委員会の監視監督のもと、捕虜の引き渡しと受入れを実施すること。

＊4　南日が一九五二年二月三日に提起した八項目

①すべての捕虜の即時釈放と本国送還

②深刻な状態の傷病兵捕虜の優先的な交換

③本国送還の完了は二か月以内

④捕虜交換の場は板門店

⑤捕虜の本国送還を監視する委員会の創設

⑥国際赤十字の代表者と朝鮮民主主義人民共和国と中国人民共和国赤十字で構成される合同訪問グループの結成

⑦死亡した捕虜に関する情報の交換

⑧難民帰還計画を実行し、かつ、帰還難民を監視する委員会の設立

＊5　トルーマン大統領は休戦交渉に関する声明の二か月前、すなわち一九五二年三月二十九日、ジェファーソン・ジャクソン・デイ民主党募金夕食会の席で、時期大統領選挙への出馬辞退を正式表明した。そこで民主党はイリノイ州知事アドレー・ユーイング・スティーブンソン二世を候補にして大統領選挙に臨んだが、共和党選出のアイゼ

ンハワー元帥に大敗した。

2　巨済島事件

（1）新任国連軍司令官クラーク

「あれは一九五一年十月二十日のことだった。トルーマン大統領は私をホワイトハウスに呼び、君をバチカンとの特命公使[*1]に指名しようと思うが、どうかねと尋ねた。そこで私は次のように答えた。

『私はプロテスタントです。そして三十三階級のフリーメイソンで、軍人です』

　すると大統領はニヤリとして言った。

『そして君はイタリアで最も尊敬されているアメリカ人セレブだよ、クラーク将軍。君は私の望みにぴったりかなう』

　私は大統領の指名に心底不安を覚えたが、私は兵士だ。だから私は、『大統領が与えたいかなる任務も私は遂行します』と答えた。しかし十日もしない内にこの指名は政界で大問題になったので、私は大統領にクラークという名前を取り下げるよう要請し、そして勝手知ったモンロー要塞勤務という日常に戻った。

　しかしそれから半年後の四月、私がカリフォルニアのロバーツ陸軍基地に主張している時だった。早朝五時、ブラドレー統合参謀本部議長から電話があり、大統領が私を極東軍総司令官ならびに国連軍司令官に就任させる腹だと言った。私はその知らせに驚きはしなかったし、東京で待ち構えている任務について甘い幻想を抱くこともなかった。そして四月三十日、正式辞令を受け取った私は、そのままワシントンに居続け、特に朝鮮関連の山なす極秘情報を開示されることになり、朝鮮が私のキャリアの中で最も難しい仕事になることを再認識した。

私がドナルド・ベネット中佐を伴って羽田に着いたのは五月七日水曜日午後二時五分だった。出迎えはリッジウェイ大将とマーフィー大使[*2]で、この日の晩餐はマット・リッジウェイ夫妻の好意により極東軍総司令官公邸（目黒にあった旧前田邸）で取り、その後、私はアメリカ大使公邸に戻って一泊した」

クラーク大将

一八九六年五月一日生まれ、ウェストポイント卒のマーク・ウェイン・クラーク[*3]は、第二次大戦中、モンテ・カッシーノ戦の後、ローマを解放した戦争の英雄で、終戦間際の一九四五年三月十日、大将に昇進。ヨーロッパの戦後処理ではオーストリア独立条約に関する外交協議に関与し、その時、ソ連という共産党独裁国家の手口をとくと目の当たりにして帰国した。こういう体験からソ連を頂点とする共産主義国家群に対するクラークの評価は非常に辛く、次の様にラジオの全国放送で語っている。
「あの連中にはフェアプレー精神がまったく無い。連中はいとも軽々と嘘をつく。そして我々が少しでもひるんだが最後、平気で約束を破る。そこには良心のかけらも無い。連中を相手に法の支配する国際秩序を論じても無駄なことだ」
クラークが極東軍総司令官兼国連軍司令官に就任した経緯は玉突き人事である。それはアイゼンハワー元帥が大統領選挙出馬のため北大西洋条約機構軍最高司令官を辞したことから玉が動き、アイゼンハワーのあとをリッジウェイが継承し、その空席にクラークが就くことになったからだ。この時、クラークは五十六歳。温和な眼差しの下にあるカラス天狗もどきの突き出た大きな鼻は一度見れば誰も忘れられないだろう。恵まれた体格で、身長は不明だが、一七二センチのトルーマン大統領より顔一つ高い。

「赤坂にある大使公邸で一泊した翌日の五月八日早朝、羽田に着くと、そこには昨日と打って変わって険しい顔つきのマット・リッジウェイがいた。私は昨日の晩餐後に何か良くないことが起きたと直感した。果たして汶山《ムンサン》キャンプに向かう機中、マットから信じがたい話を聞いた。それは昨日午後三時十五分、巨《コ》済島《ジェド》捕虜収容所長ドッド准将が北朝鮮軍捕虜の李学九《リ・ハック》に拉致されたという話だった。私はそれを聞いた瞬間、言葉につまった。午後三時十五分と言えば私が羽田に到着してから一時間後の話であり、また、夕食を終えて前田邸を辞した午後九時、マットは巨済島での大事件を知らなかった。おそらくマットに事件の第一報が入ったのは午後九時半より後だろう。事件発生後半日以上経ってからの報告というのは奇妙であり、何か解せない思いを抱いて私は汶山キャンプに到着した。

マットと私が会議室に入って行くと、そこにはジョイ提督、ハリソン少将、リビー少将、ターナー少将という四人の交渉メンバー[*4]および第八軍司令官ヴァン・フリート大将がいた。マットは私を皆に引き合わせ、次にヴァン・フリートをうながし、巨済島で何が起こったのかを語らせた」

大事件は急に起きるものではない。巨済島収容所を管理するアメリカ第八軍・第二兵站司令官ヤウント少将はジュネーブ諸条約に添う捕虜の人道的あつかいに熱心だった。しかしこの善意が監視員と捕虜のルーズな馴れ合いを生み、人道重視が規律弛緩に化けた。捕虜に紛れ込んでチャンスをうかがっていた工作員は二月十八日、待遇改善を叫ぶ抗議デモとハンガーストライキに打って出たが、収容所側はこの騒擾をその場しのぎの事なかれでお茶を濁したから、工作員は次のステップに移った。これは些細なゴミの放置がきっかけとなって、汚れが穢れを呼び、ゴミ屋敷が出現するのと同じで、巨済島では些細なゴミに相当する。〝その場しのぎ〟で対処した結果、収容所長ドッド准将の拉致という大災厄を引き寄せたのだ。

この衝撃情報についてバッチャーは次のように回想している。

「ジョイ提督は巨済島事件を知らされてびっくり仰天していましたが、顔色を変えたのはデモとハンストが南日の指示によるものであり、また、李学九にドッドを拉致しろと命じたのも南日で、その目的は休戦交渉を有利に導くことだと聞いた時です。提督は『南日にまともな話し合いを求めても無駄なのはわかっていたが、これほどひどいとは思わなかった。心底みじめな気持ちだ』と吐き捨てました。そして提督は、南日が二週間以内、すなわち五月二十二日までに《捕虜の任意送還》と《軍事休戦委員会（ＭＡＣ）からのソ連の除外》を受け入れなかった場合、解任されることを望むと言い、後継には一月二十三日から次席交渉官の任務を果たしてきた陸軍少将ハリソン[*5]を指名しました。このとき新任のクラーク大将は複雑な表情をしていましたが、数日後、提督の要望を受け入れました。ハリソン少将ですか？　将軍はアメリカ南北戦争時代のジャクソン将軍のように、常に聖書を読む人で、学者か聖職者のようだった将軍はアメリカ式ロイヤルファミリーの直系子孫です。初代ベンジャミン・ハリソンはアメリカ独立宣言の署名者であり、ウィリアム・ハリソンは第九代大統領で、ベンジャミン・ハリソン・ジュニアは第二十三代大統領ですから間違いなく名門一族の出となるでしょう。ウェストポイント卒の将軍は国際関係に精通しており、正直で、愛想がよく、意外な特技は蹄鉄投げゲームで、某特派員は『ハリソン将軍のトレードマークは、表紙に馬蹄が刻印された聖書だ』と言っ

ハリソン少将

ています。将軍は常に手元に聖書を置いていましたが、それ以外には歴史書あるいは世界情勢と言った類の固い本が執務室に並んでいました。将軍には中朝共産軍の収容所に拘留された捕虜の母親や妻から多くの手紙が寄せられ、それらの手紙は休戦が一日も早く実現されるよう共産主義者の言うことを認め、譲歩するよう将軍に訴えていましたが、そういう手紙に対し、将軍は丁寧に返書を出しました」

※　　　※　　　※

「あと四日でヨーロッパに旅立たねばならないマット（リッジウェイ）は巨済島事件にかかりっきりになったが、それでも翌九日、私をともなって汶山から釜山に飛び、李承晩大統領に私を紹介した。これが国連軍の戦時作戦統制権から韓国軍を離脱させるとムチオ大使を介してマットを脅した韓国のジョージ・ワシントンなどと呼ばれている男との最初の出会いで、面談自体はおざなりの、いいかげんなものだった。大統領は、この日、私を心から歓迎すると言い、『クラーク将軍は、前任のリッジウェイ将軍同様、私の素晴らしい韓国軍から変わらぬ支援を受ける。私はそれを保証する』と述べた。この面談で私は、南朝鮮の軍政長官だったホッジ中将が李承晩を指して『よこしまで情緒不安定、冷酷で腐敗し、度し難いお天気屋』と言った意味がかなり理解できた。

マットと私は昼食もとらずに釜山から東京に向けて出発し、その時、巨済島の地形をよく見るために島の周囲を低高度で旋回した。空から見るとそこには、大型輸送機が着陸できる飛行場は無く、平和そのものといった島だった。

マットは捕虜の鎮圧というこの一点に全力を投入し、少しでもまともな形で私に引き継ごうと血まなこになっていた。私はマットがこの地にいる間は傍観者でいられたけれども、正式辞令が下りていた私は、マットが東京を去る五月十二日になれば当事者になるため、全神経を集中して事の推移を見守った」

ところで国連軍捕虜収容所をコントロールする命令系統はどのようなものか？　それは《国連軍司令官（リッジウェイ将軍／クラーク将軍）→第八軍司令官（ヴァン・フリート大将）→第二兵站司令官（ヤウント少将）→巨済島捕所長（ドッド准将／コルソン准将）》となっている。なお、コルソンはドッドが拉致された後、急遽収容所長に着任した男だった。

拉致されてから三日後の十日夜更けに李学九から解放されたドッドは、その直後、MPに逮捕され、取り調べを受けるため東京に護送された。ドッドを救出するためとは言え、独断で国連軍を窮地に落とし入れる文書を李学九に渡したコルソンも同様に東京へ護送された。以下はドッドが語った事件の顛末である。

「五月七日朝、私はレイヴン中佐の取り次ぎで、過激な騒ぎを起こして来た収容所76区のスポークスマンを名乗る捕虜から面談を要求されました。午後二時、レイヴン中佐を伴って私がジープで面談場所に指定された76区収容所広場に行き、外側ゲートを開けると、そこには内側ゲートから出て来たスポークスマンとリーダーがいました。通訳を兼ねたスポークスマンは共産党リーダー李学九を紹介し、次に李学九は食料の追加、衣類、医薬品に関する苦情を述べ、最後にソ連を軍事休戦委員会（MAC）のメンバーに加え

ドッド准将

ろと言いました。私が知らない軍事休戦委員会の存在を一介の捕虜がなぜ知っていたのか私には分かりません。面談が進むにつれ、収容所広場には李学九の手先と思われる人間が集まって来ました。午後三時十五分ごろ、話は済んだと私は判断し、帰ろうとしました。すると、私は二十人のほどの捕虜に押し倒され、内側ゲートの向こう側に引きずり込まれ、そこで持ち物を全部取り上げられました」

この出来事についてクラークは次のように書き残している。

「事件は北朝鮮首席交渉官の南日が周到に計画したもので、南日は実行犯の李学九に三つの指令を出した。

①本国送還を望む捕虜と任意送還を望む捕虜を選り分けるための身上調査を妨害すること。

②身上調査の妨害を効果あるものとするため、収容所を管理するアメリカ人将校を人質として拉致し、任意送還を捕虜に強制したという自己批判文書にサインさせること。

③もしも、アメリカ兵や他の国連軍兵士が収容所内の秩序を維持しようとして捕虜を撃ったなら、国連軍の虐待を糾弾する大がかりなデモを打つこと。

ところで李学九の手先はいつものように、何食わぬ顔で糞尿を入れた大型バケツを収容所広場に並べておき、ドッド拉致のその瞬間、バケツの中身をぶちまけ、監視員をひるませ、そのすきにドッドをゲートの内側に連れ去った。私の理解を超えるのは、ドッドも、そしてからくも拉致をまぬがれたレイヴンも武装していなかったことだ。もっと理解できないことは、ドッドが李学九を自分の事務室に呼び出すのでなく、ドッド自身が呼び出しに応じて広場に行ったことだ。いっぽうアメリカ人将校の拉致を命じた南日は、ふたを開けてみれば、網にか

李学九

かったのは何と収容所長だったから、笑いが止まらなかったに違いない。

五月十日、李学九はドッドに代わって収容所長になったコルソン准将に宛て、以下四項目の要求文書を届けて来た。この四項目は収容所の中でドッドに自己批判させたものを、要求文書に焼き直したものであり、自己批判はこう書けと強要したでっち上げ文書だった。

『李学九より巨済島捕虜収容所長コルソン准将へ
①今ただちに捕虜に対する蛮行を収容所長の命令で停止せよ。今ただちに捕虜に対する侮辱、拷問、抗議血書の強制、脅迫、監禁を停止せよ。今ただちに捕虜の大量殺戮を停止せよ。今ただちに捕虜を射撃実験のための動く標的がわりにすることを停止せよ。今ただちに捕虜を毒ガス、細菌兵器、原爆のための人体実験に供することを停止せよ。今ただちにコルソン准将は国際法に基づいて捕虜の人権を保証せよ。
②今ただちに捕虜に対する不条理な任意送還の適用を撤回し、これを放棄せよ。
③今ただちに捕虜への任意送還を強制する身上調査を中止せよ。今ただちに捕虜を任意送還の上、再武装し、中朝同盟軍に歯向かわせるための身上調査を中止せよ。
④今ただちに北朝鮮軍と中国人民志願軍の捕虜の中から選ばれた捕虜代表グループ委員会を承認せよ。
新たに巨済島収容所長となったコルソン准将は捕虜代表グループ委員会に協力せよ。
捕虜代表グループ委員会はコルソン准将からこの四項目の実行を誓う誠意ある文書を受け取ったなら、ドッド准将を釈放する』
私が思うに、確かなことが一つある。それは狂信的な共産党員捕虜と交渉してはいけないと言うことだ。

こういう狂信者との交渉は負けゲームと決まっている。見ての通りドッドを自由の身にするための代償は、譲歩の余地などゼロという四項目の法外な要求によって固められている。第一項目はまったく有りもしない非人道的な行為を国連軍は日常的に行っているという嘘を認めることになり、これを認めてしまえば国連軍はそれこそ犯罪者集団になる。また第二項目と第三項目は共産主義から逃れたいと望んで《任意送還》を希望した捕虜を絶望に突き落とすものであり、言語道断である。身上調査は国連軍とアメリカ政府の《任意送還》という方針を実施するためのもので、今この時点で身上調査を止めるということは第八軍司令官がアメリカの政府方針を独断変更することと同じだ。そして第四項目は無条件降伏を認めることと同じで、休戦交渉に与える悪影響はそれこそ歯止めが効かなくなる。

狂信的な共産党員の相手をしてはいけない。にもかかわらず、現場は勝手に動いてしまった。それが次の四項目から成るコルソン文書である。

『①第一項目について、私は多くの捕虜が国連軍によって殺され、負傷するという流血事件があったことを認めます。これ以降、巨済島収容所の捕虜は国際法の原則に従って人道的に処遇されることを保証します。そして私は、これ以降の暴力流血事件を排除するために、私の力の及ぶ限りのあらゆる権限を行使します。またこれ以降、捕虜の流血事件が再発した場合、私が責任を負います。

②第二項目の任意送還は板門店で議論されており、私は休戦会議での決定に口を挟んだり影響力を行使できる立場にはいません。

③第三項目の強制的な身上調査については、ドッド准将が無傷で釈放された後、これ以降、強制的な身上調査は行われないし、また、巨済島収容所で捕虜を再武装の上、戦線に投入することもない。また名目

上の身上調査ですら、行われないことを保証します。
④第四項目の北朝鮮軍捕虜と中国人民志願軍の捕虜で構成される《捕虜代表グループ委員会》を、私、コルソンはドッド准将の同意のもとに承認します。
この返信を受け取ったら、いかなる状況にあろうとも午後八時までにドッド准将を無傷で解放すること。これを前提に、私はあなたの要求に応じてこの文書に署名の上、返送します。
アメリカ陸軍准将チャーリー・F・コルソン』
この文書はコルソンがまったく独断で署名返送し、その結果、ドッドは五月十日午後九時三十分に釈放された。（午後八時ではない）
私はどのような方法で収容所にいる李学九と板門店にいる南日が連絡を取り合えたのか不思議に思っていたが、そのからくりは第64国連軍野戦病院にあった。出入り自由のこの病院が共産主義者に利用され彼等の通信センターになっていたのだ。
五月十二日月曜日、ドッド事件は収容所に規律を取り戻すための武力行使という仕事が残っていたけれど、マットは指揮権交替の儀式を午前中に済ませ、あわただしく羽田に向かい、儀仗兵が堵列する中、妻のペニーと二才の息子を連れて飛行機のタラップをのぼって行った。マットがさようならと手を振ったとき、私は彼が燃えるようなフォワードパスを私に投げてよこした気がした。かくして飛行機は午後三時十分に飛び去った」
李学九[*6]とその配下の共産党員はドッド釈放から一カ月後に鎮圧されたが、その経緯に触れておくと、ヴァン・フリート大将は収容所76区を完全に封鎖し、第64野戦病院は解体した。そして六月十日、ボートナー准将指揮下のアメリカ、オランダ、イギリス、カナダ、ギリシャの兵員とトラップネル准将[*7]指揮下のアメリカ軍第187空挺隊は本格的な武力鎮圧を開始した。

敵対する捕虜七万は数挺のソ連製マンドリン短機関銃と拳銃、火炎瓶千本の他に手槍、こん棒、鉄パイプ、ナイフ、蛮刀といった武器で気勢を上げていたが、二時間半で降伏し、戦闘は終了した。捕虜がたちまち抵抗を止めたのは目の前に現れた二十五両の戦車中隊に恐れをなしたからであり、特に五両の火炎放射戦車がテスト噴射で火炎をぶちまけると、捕虜は一挙に戦意喪失した。戦闘が終わってみると死者は空挺隊員一名、捕虜四十六名でこれに加え、百三十九人が負傷した。死んだ捕虜四十六名は戦闘で死んだのではなく、リンチで殺された者だった。

（２）ジョイ提督、退任

時計の針を一カ月戻し、休戦交渉の場に焦点を合わせると、五月十日も翌十一日も南日はほとんど発言せず、驚くほど短時間で解散となった。翌十二日、南日はリッジウェイ提起三条件を援護するトルーマン大統領声明を拒否した上で、無用に長いプロパガンダ演説を繰り返したが、巨済島事件には何も触れていない。国連軍司令官がクラーク大将に交代したこともどこ吹く風だったし、その後も毎日十五分程度で解散した。しかし五月二十日になって南日は荒れ狂った。理由は国連側が捕虜の無条件本国送還に応じなかったからだが、本当は第64野戦病院が解体され情報が来なくなり、異変に感づいたからだ。それにしても、南日はあたりをはばからぬ大音声を張り上げ、国連側メンバーは南日の罵声がまき散らすタバコ臭い唾液の飛沫を浴びた。これについてバッチャーは次のように述懐している。

「南日は休戦交渉開始以来十カ月半の中で最悪となる汚い言葉満載の聲闘《ソント》をかまして来ましたが、内容は単純で、ドッドの自己批判と李学九の要求とコルソンの回答をもとに『国連軍が強制した任意送還は認めない。全員本国送還を要求する』と際限なく繰り返しただけです。そういう中、『なぜおまえは国連軍が管理している巨済島収容所での出来事を詳しく知っているのか?』との誘い水に、『ここは朝鮮だ。朝鮮人民軍に好意的な協力者はどこにでも無数にいる』との返答があり、これが私にとって非常に印象的でした。ともあれ北朝鮮はやはりスターリン式収容所に強制労働者を詰め込み、これを経済基盤として行こうとしていたのでしょう。だから任意送還を認めることは絶対にできなかったのです」

五月二十日の会議は十二時一分に散会となり、翌二十一日も同じ調子だったが、六十五回目の会議となる二十二日は様子が違った。この日、南日の罵声が終わるとジョイ提督は次の通り告別の辞を述べている。

「休戦交渉初日にあたる昨年の七月十日、私は、協定の成否は交渉団双方の誠実さにかかっていると申し上げました。すなわち国連側は誠実であることを約束し、中朝側に対しては誠実であることを期待するという意味でそう申し上げたのです。しかし本日までの成り行きを振り返るなら、中朝側に誠実を期待することは諦めざるを得ない。そう判断するに至りました。共産圏において誠実という言葉がこれほど虚しいものであるとはまったく想定外の驚くべきことです。

国連側の目的は一つでした。それは朝鮮戦争を終結させ、可能な限り速やかに恒久的な平和を確かなものとすることです。では中朝側の目的は何か。脆弱かつ極めて劣悪な立場にありながら法外な要求に出ると言う、その目的は何か。それは壊滅状態となった北朝鮮軍立て直しのための時間稼ぎであり、もう一つは戦場で得られなかった成果を交渉の場で得ることです。この目的があればこそ南日将軍はことあるごとに異を唱え、私のこれまでの人生で初めてという不愉快きわまる汚い言葉を私に浴びせ、犯罪的な捏造歪曲に基づく理屈の通らない主張を繰り返し、歩み寄りの否定を交渉方針としたのです。この間、あなたは不都合な事実は隠蔽し、嘘で固めたプロパガンダ戦術を駆使して、まんまと休戦交渉をデッドロックに追い込み、我々から譲歩を引き出すことに成功しました。実にみごとなものだ。国連側メンバーの多くは南日という人間が理性的な思考プロセスを踏むことができず、まったく本能のおもむくまま邪悪な行動に出ると言いましたが、この指摘は間違いです。あなたはシャープな頭をお持ちで、緻密な考えのもと、目的に向かってまっしぐらだ。しかし南日将軍、あなたにはご自身の品格を高める力量ないし適性に欠けている。これはお気の毒と言うしかない。

国連側と中朝側の交渉スタイルは昼と夜ほど異なっています。たしかに軍事境界線と非武装地帯は合意に到達しましたが、これは国連軍の武力発動という圧力があったから決着したのであって、純粋に話し合いだけで合意に達したのではない。

今、私たちの前には捕虜問題がけわしい障壁とし立ちはだかっています。そこで四月二十八日、私はあなたに三つの具体的な解決策を提案しました。しかしあなたは、相手が一歩退けば数歩踏み込んで行くというセオリー通り、空軍力の強化と飛行場の完全な再建を要求し、かつ、国連軍に拘留されているすべての捕虜の本国送還を要求し、その代わり軍事休戦委員会メンバーへのソ連の参加要求をひっこめると申し出た。飛行場はともかく、任意送還という人道問題を取引材料にするとはモラル崩壊もはなはだしい。またあなたは捕虜収容所への国際赤十字の立ち入りを拒否し、中朝共産軍が拘留しているとラジオを通じて自慢した五万人以上の国連軍兵士がいつの間にかいなくなっていることについて、あなたは我々が納得できる説明を何一つしていない。あなたが平和を取り戻し、何百万人もの罪のない人々の悲惨な苦しみを終わらせたいとわずかでも望んでいるなら、私が休戦会議スタート時に述べた誠実な気持ちを奮い立たせて、問題の解決にあたらねばなりません。休戦か、それとも戦争継続か。決定はあなたの手に委ねられています。

交渉が始まって十カ月と十二日が過ぎ、交渉を続けられなくなった私には、もはやこれ以上やることはありません。私は今、南日将軍との交渉という骨の折れる仕事をハリソン少将に引き継ぎます。神がハリソン少将と共におられますように」

そう言って提督[*8]は板門店から去った。

※　※　※

やはりと言うべきか、ジョイ提督の告別の辞は南日《ナムイル》ほか中朝側交渉団に何の影響も与えず、まったく無意味だった。その代わり大きく変わった点がある。五月二十三日金曜日、六十六回目の本会議は昨日同様、午前十時半にスタートしたが、提督の後任となったハリソン少将は発言しようと身構えた南日を押しとどめ、「国連側は全捕虜の本国送還も飛行場建設も認めない。国連側は四月二十八日の《ジョイ提督三つの提案》を変えるつもりはない。中朝共産側の主張に変更がないなら、本日はこれで閉会にしよう。もう一つ、明日二十四日から二十六日まで休会とし、二十七日火曜日午前十時にここで会おう」と言って退出した。着席後十五秒で閉会したという最短記録には及ばなかったが、この日も似たようなものだ。

休会明け五月二十七日から、六月七日まで会議は連日開かれたが進展はゼロ。そこでハリソンは「明日から六月十日まで休みにする」と言い、これに対し南日は大声を張り上げて反対したが、少将はそれを途中でさえぎり、「共産主義者の罵声はいつも同じで退屈だ。六月十日まで休みとし、十一日に再会しよう」と言い残して会議場を出て行った。

休戦交渉は捕虜問題が原因で事実上の停止となった。ともあれ将軍[*9]は犯罪者だと見なした中朝共産主義者について、軽蔑の一字をもって冷たく厳しく応対している。

このことに関連し、六月九日、クラークは東京の執務室で金日成と彭徳懐からハリソン少将が休戦会議を軽視するだけでなく、中朝側交渉メンバーを侮辱したというクレームレターを受け取ったが、これに対し「私はハリソン将軍以下休戦交渉代表団の行動を全面的に支持している。よってハリソン将軍は望む時に休む」と宣告した。

休会明け六月十一日水曜日から十七日まで会議は連日開催されたが、進展はゼロ。当然休会になった。そして休会明け二十一日から二十七日まで会議は続けられたが、またしても進展ゼロ。ハリソンは六月三十日まで休会を宣言したが、これは六月に入って三回目の休会だった。

休会明け七月一日が終わり、二日、三日が終わっても進展はゼロ。ここで南日は打開策としてトップ会談（executive session）を提案。この会議はハリソンと南日が通訳だけを交えて行う密談だったが、これも七月二十五日まで計十八回を数えるのみで、進展はゼロ。

七月二十六日、交渉は通常の本会議に戻ったが、ハリソンは会議が始まっていくらも経たない内に七日間の休会を宣告。そして休会明け八月三日、会議が始まって三十二分で、ハリソンは七日間の休会を宣告し、これ以降、再開しては七日間休会宣告を繰り返した。

十月七日、一二二回目の本会議となったが、この会議は午前十一時に始まり、それから六十三分後、ハリソンは「国連軍交渉団はすべてをさらけ出した。もはや別の提案を出せる筈も無い。我々はこれ以上、中朝共産軍の罵声と不適切な宣伝文句を聞くために板門店に来るつもりはない。我々は共産主義者が我々の提案を受け入れるか、あるいは建設的な対案を書面で提示する場合にかぎり会議に出席する」と言うと、南日の返事を待たずに立ち上がり、退席した。そしてこの直後、クラーク大将も板門店の行き詰まりについて「国連軍は捕虜問題を解決するために繰り返し真剣な努力を尽くし、かつ、国連軍は良識を持った人々に受け入れられる休戦協定締結の準備ができている」という声明をだした。

ともあれ十月七日のハリソン宣告は事実上の無期限休会宣告であり、いっぽう戦闘は、スマック作戦という地上兵力の大規模投入、海上封鎖と艦砲射撃、そして空爆による締め付けとなって続けられた。

註

＊1 アメリカがローマ教皇庁との外交関係を樹立し、特命全権大使を駐在させるようになったのは一九八四年一月十日で、その時のアメリカ大統領はロナルド・レーガンである。よって外交関係が樹立する前は《アメリカ合衆国の教皇使者（the United States emissary to the Holy See）》が大使の代わりを務めた。
＊2 チャールズ・スプリングス・マーフィーは一九五二年四月二十八日のサンフランシスコ講和条約発効と同時に東京駐在となった戦後初のアメリカ大使である。

＊3　マーク・ウェイン・クラークは休戦協定調印から三カ月後の一九五三年十月三十一日に陸軍を退役。サウスカロライナ州の軍事大学シタデルの学長を務め、一九八四年四月十七日に他界した。享年八十七歳。

＊4　一九五二年五月時点での国連側休戦交渉メンバーは次の通り。

①ジョイ提督（海軍中将）

②ハリソン少将（陸軍／中将昇格は四カ月後の九月六日）／前任はフェレンボー少将／その前はホッジス少将

③リビー提督（海軍少将）／前任はバーク提督（海軍少将）

④ターナー空軍少将／前任はクレーギー空軍少将

⑤劉載興《ユ・ジェフン》少将（韓国陸軍）／前任は李亨根《イ・ヒョングン》少将／その前は白善燁《ペク・ソニョプ》少将

＊5　ハリソン（ウィリアム・ケリー・ジュニア／一八九五年九月七日誕生）

休戦交渉首席に就任した五月二十三日時点でのハリソン少将の年齢は五十七歳。ちなみにジョイ提督（一八九五年二月十七日誕生）も五十七歳。南日中将（一九一三年六月五日誕生）は三十九歳。なおハリソンは一九五二年九月二十六日に少将から中将に昇格し、首席交渉官兼極東アメリカ陸軍総司令官になった。ハリソンは一九五七年二月二十八日に陸軍を退役し、シカゴに定住。一九六〇年まで福音児童福祉庁の事務局長を務めた。一九八七年五月二十五日、ペンシルベニア州の老人ホームで死去。享年九十一歳。

＊6　二重スパイだった李学九《リ・ハック》は捕虜になっていたウィリアム・ディーン少将と交換され、北朝鮮に送還された。一九六三年に不思議な自殺をとげた。

＊7　第八軍歩兵第二師団のボートナー准将がコルソンの後任として新しい収容所長に着任したのは五月十一日である。この人事の眼目は巨済島収容所の鎮圧だったから、ボートナーは緊張感ゼロの監視員を総入れ替えし、同時に、南日と李学九を結ぶ通信センターだった第64野戦病院を解体。そこにいた韓国人軍属をお払い箱にして収容所76区を孤立させ、本格的な武力発動を実施し、李学九一味を六月十日に鎮圧した。

＊8　ジョイ提督（一八九五年二月一日誕生）は休戦交渉から解放された後、メリーランド州のアメリカ海軍兵学校（the United States Naval Academy）の校長として海軍に奉職し、一九五四年七月に引退した。提督は一九五六年六月六日、カリフォルニア州サンディエゴの米海軍病院で死去。享年六十一歳。

＊9　ＡＰ特派員から中朝共産主義者との交渉方法を尋ねられた時、ハリソンはたった一言「やめてくれ」と猛烈に不愉快そうな顔で吐き捨てた。この直後、特派員に対しバッチャーは将軍の一言を次のように補足している。

「会談の相手は、常にガラスを爪で引っ掻くような絶叫を上げている。会話が成り立つことは無く、ゆえに国連側の質問に直球で返して来ることは絶対ない。質問に質問で返し、それに答えることを強要し、国連側の質問をはぐらかす。これが彼等のレトリックだ。ジョイ提督は共産主義者の口から飛び出す攪乱、恫喝、宣伝、偽装の数々に精神をやられて退任したが、誰であれ奴らが繰り出す聲討《ソント》という罵詈雑言をまともに喰らえばパーキンソン病にもなろうと言うものさ」

第三章
変化した潮目

1　トルーマンからアイゼンハワーへ

(1) 国務長官ダレスの勧告

一九五二年の大統領選挙に共和党候補として出馬したアイゼンハワー[*1]は朝鮮戦争の一刻も早い終結を公約に掲げ、十一月六日の本選で地滑り的大勝利を博し、次期大統領の座を射止めた。

大統領になると決まった時、アイゼンハワーは朝鮮戦争に関する公約の確実迅速な実現をはかるため、翌年一月二十日の就任式前に朝鮮視察を決定。この視察にともない、アイゼンハワーはブラドレー統合参謀本部議長、ウィルソン次期国防長官、ブラウネル次期司法長官、ラドフォード太平洋艦隊司令長官など九名、および新聞記者六名、カメラマン三名を同行させている。いっぽう事務方が提案してきたのは行程で、それは十一月二十九日午前五時に二機のロッキード・コンステレーション（四発大型プロペラ旅客機／三枚垂直尾翼）が視察団を乗せて、ニューヨーク州ロングアイランドのミッチェル空軍基地から出発。サンフランシスコ、ホノルル、ミッドウェイ、硫黄島（一泊）を経由し、十二月二日午後七時にソウル着というもので、これも即座に決まった。

ところで、視察団の中にアイゼンハワーが最も信頼したダレス次期国務長官はいなかったが、ダレスは次の覚書（注意勧告）を一九五二年十一月二十六日に次期大統領へ渡している。

「ジョン・F・ダレスからアイゼンハワー次期大統領閣下へ

満七十七歳という年老いた李承晩大統領はいかにも弱々しく見えますが、それは一種の擬態です。それから李承晩は非常に神経質で、憂鬱の発作と有頂天の発作の間を行きつ戻りつする情緒不安定の人です。この老人は相手がアメリカ大統領だからと言って、あなたに遠慮することはありません。初対面のあなたになれなれしく抱き着くでしょう。その瞬間、この老人はあなたが自分の、すなわち李承晩の大親友だと思い込み、周囲に吹聴し、外交ルートを無視して休戦反対などさまざまな要求を取り留めなく出してきます。そしてこれが重要な点ですが、李承晩には次なる三つの強迫観念があります。それは

①権力を維持すること

②李承晩の権力の下で共産主義者を排除し朝鮮統一をはかること。

③日本人への恨みは何よりも激しく、生涯かけて遺恨を晴らすこと。

つまり李承晩は、独裁者として君臨し、金日成率いる共産主義者を処分して朝鮮統一を実現させた後、軍隊を持たない日本に攻め込み、九州をもぎ取って朝鮮領にすること。これが李承晩に取り憑いた執念でありますから、こういう新興宗教の教祖のような妄想気質の老人と政治問題について話し合うことはでき

ダレス国務長官

るだけ避けるよう私はお勧めします。なお、李承晩の強い要請でどうしても面談しなければならない場合には話題を以下の範囲内に留めておくことをお勧めします。

①李承晩が大統領に再選されたことに対する祝辞。ちなみに、従来の韓国憲法では李承晩再選を禁じているので、一九五一年七月、李承晩は憲法改正を行い、大統領に再選されました。

②東西分割されたドイツの統一はアメリカの望みであり続けるように、南北分割された朝鮮の民主的選挙のもとでの統一はアメリカの望みであり続けていることに言及してください。

しかし気をつけねばならないのは、朝鮮統一は武力をもって達成することではありません。李承晩は朝鮮の武力統一にアメリカを巻き込もうと猛烈に働きかけており、それへの言質を取ろうと必死ですが、このあたりにあなたが曖昧なリップサービスをすると、アメリカは核兵器を含む武力投入をもって朝鮮全土の統一支援に踏み切ったと李承晩は報道機関に発表します。第三次大戦を引き起こす可能性が高い李承晩の武力統一にアメリカは協力しないし、過去にそういう約束は一切していない。面談時にもしも話題がそちらに振れるなら、朝鮮統一は武力ではなく、会話と選挙で成し遂げねばならないことを強調しておく必要があります。

③李承晩が憎悪する日本に話題が振れたなら、アメリカ軍の占領期に日本が制定した新憲法によって民主化された日本が現在どこに向かって進もうとしているのかを話し、李承晩を安心させるよう仕向けてください。

また、日本の再軍備はアメリカの空軍力と海軍力に統合されるため、日本が韓国に対する攻撃的な脅威とはならないと説明し、その上で日本と韓国の良好な関係再構築は、韓国を含む太平洋地域全体の安定化という観点から極めて重要であることに言及してください」

李承晩の本性を言い当てたこの覚書は、李承晩に対し婉曲表現は禁物であり、面談のための接触時間は極力短くすべきだという念押しだった。

さてクラークはアイゼンハワーの朝鮮視察を次のように語っている。

「私は十一月二十一日にアイクから手紙を受け取った。そこにはアイクが十一月二十九日に本国を発ってソウルへ向かうとあった。自分の目で朝鮮を見、戦争を終わらせる最適解を導き出そうとしたのだ。いっぽう李承晩はアイク朝鮮視察の一報を聞くと、ソウルでパレード、夕食会など国をあげて次期アメリカ大統領を歓迎すると発表したが、これは実に無分別で自分本位の計画だった。なぜなら第八軍情報局は共産主義者が次期アメリカ大統領の命を狙って、至る所に共産党工作員を潜伏させていると警告していたからで、私は李承晩へ即座にアイクの歓迎イベントは中止するよう伝えた」

李承晩にとってアイゼンハワーは気に入らない存在である。

そのわけは北朝鮮の存在を認める形で戦争にピリオドを打とうとしているからで、この際警戒の手を緩めて北の工作員にアイゼンハワーを襲わせ、激震を起こしてやれば、怒ったアメリカは今度こそ北朝鮮の共産主義者を一掃し、そのあとを自分に委ねるだろうと考えたほどだ。

しかし、この時、クラークは李承晩がそこまで浅はかだとは思っていない。マッカーサー元帥とリッジウェイ将軍からは距離を置かれ、軍政長官ホッジ中将からは忌み嫌われた李承晩だったが、クラークは宥和親睦の精神もって李承晩を懐柔しようとしたから、結果として李承晩評価が甘くなったのだ。

クラークは凡庸の大将ではない。しかしトルーマンがクラークをバチカンに送り込もうとした動機の一つにこの将軍がそれとなく漂わせる聖職者のようなオーラがあった。確かにバチカンではそれが活かせたかも知れない。しかし相手が李承晩では逆効果になった。

クラークの回想に話を戻す。

「アイクが朝鮮に向けて本国から飛び立つ数日前にシークレットサービスは東京に到着し、すぐに私の執務室でアイク到着後の詳細スケジュールを説明した。私は、第八軍本部での説明会、国連軍最前線部隊訪問、戦闘爆撃機戦隊の激励、野戦病院の傷病兵見舞いなどを追加するよう意見を述べたが、時間は押しており、海軍部隊ならびに戦闘爆撃機戦隊の激励式典を割愛しなければならなかった。

私の頭痛の種は報道関係者だった。ソウルでは五十人を超える従軍記者がアイクを記事にしようと待ち構えており、この中には共産党シンパ韓国人の手引きで、プレスの腕章をつけ、検問を通らずにアイクに近づく工作員がいる。そこで私はワシントンから来た報道関係者以外の記者はアイクの戦場視察に同行することを禁じ、第八軍内に設営したプレスセンター内でのみ記者会見などの取材を許可した。

アイクのソウル到着は予定より五十七分遅れ、あたりは真っ暗だった。私は工作員の裏をかくため、立ち止まって握手する飛行場での出迎えは無しにしていたから、アイク一行はタラップまえに勢ぞろいした車列に飛び込むと、そのまま猛スピードで第八軍司令部に向かい、そこで出迎えの儀式となった。

視察第一日目（十二月三日水曜日）／ブリーフィングと前線視察に専念。そして、午後五時半、李承晩が第八軍司令部に到着。アイクと李承晩は初対面だったこともあって、二人の会話は簡単な世間話に終始した。私は李承晩が要求しそうな軍事攻勢に対する留意事項をアイクに渡せるようポケットにしまっていたが、これは出番がなかった。

視察第二日目（十二月四日木曜日）／前線および野戦病院視察。この間、李承晩の肝いりで動員された十万人が《北進統一、鴨緑江で勝利せよ》というスローガンのデモを打った。

視察第三日目（十二月五日金曜日）／最終視察日となるこの日、アイクは飛行機で飛び立つ直前に李承晩を答礼訪問することになっていた。午後遅く、私はアイク一行に先行し、李承晩の公邸になっている景武台《キョンムデ》（現在の青瓦台《チョンワデ》）に向かい、いつものように応接室に案内されたが、何かが違った。それは公邸内の明かりが暗いこと、人の立ち騒ぐ気配が希薄で、公邸内が空っぽのような感じがしたことだった。そのうち李承晩があらわれ、私はアイクから託された手紙を渡した。その瞬間、李承晩の顔に強い失望の色が走った。手紙が渡されるということは、アイク本人はここに来ないと思ったからだ。アイクの景武台訪問は、李承晩がアメリカ人トップと親密な関係を築いている様子を韓国人見せつけることだったから、それが実現しないとなると面目丸つぶれで、李承晩は悲痛な様子で私に詰め寄った。そこで私は李承晩に、アイクは必ずここに来る。午後五時四十五分、さようならを言うため景武台を訪れ、ほんの数分間、ここにいるだろうと告げた。李承晩はそれを聞いて落胆から歓喜へと表情を変え、失礼と言って少しの間、部屋を出て行った。私はアイクから李承晩との会話は極力避けるよう調整しろと耳打ちされていたので、戻って来た李承晩にフランチェスカ夫人（李承晩夫人）のご機嫌はいかがかと言った。すると李承晩は政治談議になるので夫人はいない方がいいと答えた。そこで私は、アイクが李承晩夫人に会うのを楽しみしていたと告げると李承晩はすぐに夫人を呼んだ。

アイクは決められた時間に到着し、何人かの公式随行員と共に景武台に入ったが、帰国時間が迫っていたので、面談はびっくりするほど短かった。しかしアイクが別れを告げた時、李承晩は「私の閣僚と会ってほしい」と言って、応接室の隣に面したドアを開いた。そこはホールになっており、大群衆が詰めかけていた。閣僚一人一人が夫人同伴、かつ、大勢のお供を連れて来ただけでなく、そこには多数の軍人、そして記者、カメラマンがいた。溢れんばかりの人の群れは明らかに李承晩がそう仕向けたのだ。群衆は最高の服を着て、アイゼンハワー次期大統領に会う機会を待っており、李承晩はアイゼンハワーという絶好の宣伝材料を前にご満悦だった。李承晩とアイクの会話は無いに等しかったが、その代わり果てしない握手と際限なしのフラッシュを浴びた後、アイクは去った。しかし、アイクはそれほど簡単に景武台から逃れることができなかった。公邸の外庭には巨大な投光照明、韓国陸軍、海軍、空軍の名誉警備隊、ブラスバンド、カメラを構えた報道陣がおり、ハリウッドのオープニングナイトのような騒ぎだった。アイクは百万ドルの笑顔をどこかへ置き忘れてきたように眉を顰め、形ばかり手を振っただけで車に乗り込み、後も見ずに立ち去った。帰路、予定はかなり遅れ、午後八時一分、コンステレーション機はアイク一行を乗せて離陸した」

（2）李承晩の東京訪問

クラークが著した回想録《ドナウ川から鴨緑江まで》の出版は一九五四年のことであり、李承晩が国民から総スカンを食ってアメリカに亡命する前のことだから、そこには李承晩へのリップサービスがある。しかし回想録を読み進めると、すぐにダレスやアイゼンハワーが警戒した李承晩が文中にあらわれるから、結局、李承晩は相手かまわず身勝手な振る舞いで押し通しており、せっかくのリップサービスも無駄な気づかいだったことが分かる。話は先走るけれど、クラークが回想録を出してから六年後の一九六〇年五月二十九日、李承晩（八十五歳）は民衆デモで大統領の座から転げ落ち、ハワイ州に亡命。それから五年後の七月十九日、ホノルルの高台にあるマウナラニ介護病院（Maunalani Nursing and Rehabilitation Center）で、フランチェスカ夫人に看取られて死去。享年九十歳。永眠の地は国立ソウル顕忠院。ちなみに李承晩が他界した時、クラークは存命中（六十九歳）だったが、これについての感想は残していない。

前置きが長くなった。クラークの回想に戻ろう。

「私（クラーク）と李承晩の個人的な関係において、李承晩の対応はいつも心のこもったものだったから、あたかも釣りに誘いだすような、ざっくばらんな調子で私を韓国社会での公式行事に誘った。……李承晩は私が釣り愛好家であることを知り、同好の士として韓国の素晴らしい釣り場に行くことを勧めて来た。私は釣りを話題にすることで李承晩との距離をぐっと縮めることができたけれど、一緒に釣りに出かけようという誘いを断っているばかりで、少し心苦しかったので、『一度日本へおいでになりませんか。東京にある我が家（目黒区駒場旧前田邸）へあなたとフランチェスカ夫人をご招待しましょう』と軽い気持ちの社交辞令を何回か言った。私は李承晩に猛烈な対日憎悪があるのを知っていたから、東京に来る筈がないと思っていたのだが、アイクの朝鮮視察が終わって十五日たった十二月二十日、李承晩からドッキリする手紙が届いた。来年一月のホリデイシーズンに東京のクラーク邸を訪問したいというのだ。

李承晩の東京滞在は一月五日月曜日から七日水曜日までと決まったが、李承晩はある国の首長が別の国を訪問する場合の議定書に従う必要があり、もしもこのまま李承晩が思い描く訪日を実行に移せば外交上の問題を引き起こすことになる。私は駐日アメリカ大使ロバート・マーフィーと連絡を取り、大使はそれを受けて寝耳に水の吉田首相に状況を説明。本心はともかく、吉田首相は李承晩の訪日を歓迎した。

外交儀礼の問題が済むと、安全確保の問題が浮かび上がった。日本では共産主義勢力と北朝鮮勢力が跳梁跋扈しており、また朝鮮人社会で暗殺はポピュラーだったから、訪日中の李承晩にそういう凶事が起きても不思議はなかった。それゆえ、日本政府は非常の覚悟をもって李承晩一行の安全確保を請け負ったのだ。しかしその数日後、李承晩の意を受けた駐日韓国公使[*2]は次のように記された書簡を私に届け、良い返事をと迫った。

『李承晩大統領の訪日はクラーク大将の個人的な招請を受け入れたものであり、よって大韓民国政府は李承晩大統領の安全確保がアメリカ陸軍の手に委ねられるものと承知している』

私は公使と称する男に向かって即座に『それは違う』と返し、続けて『李承晩大統領が主権国家日本の領土に足を踏み入れてから目黒にある我が家の門をくぐるまでの間、大統領の安全は日本が責任を持つ。これが文明国における法の一般原則であり、国際慣例である。この点については日本政府と了解済みであり、日本の警察当局は責任をもって大統領の安全を担保するために必要な最大限の措置を講ずる。アメリカ陸軍の出る幕はない』と言った。

日本の警察当局が実施した警備は完璧で、一例をあげれば、羽田空港から駒場の我が家まで、道路の両側にはびっしりと警官がならんだ。彼等は全員道路に背を向け、車列ではなく、通行人を見張るためにそこにいた。我が家の周辺でも警備が行き届き、一月五日から七日までの三日間、数千人の制服組と私服組の警官が動員された」

国際外交慣例から見れば、本来なら李承晩は自分の要求を、まず第一に駐韓アメリカ大使ブリッグス[*3]へ伝えるべきところ、ブリッグスは完全にすっ飛ばした。従って、クラークは平然と外交ルートを無視した韓国人（自称公使）といきなり対話する羽目になり、これにはずいぶん往生しただろうが、回想録にその記述はない。おそらく、これもリップサービスの一種と思われる。

クラークの専用機で羽田空港に到着したのは李承晩夫妻、白善燁《ペク・ソニョプ》中将（韓国軍参謀総長）、孫元一《ソン・ウォニル》中将（韓国海軍参謀総長）、秘書官二名、広報官三名、護衛官二名、計十二名で、これを出迎えたのはクラーク夫妻、日本国外相岡崎勝男夫妻、駐日アメリカ大使マーフィー夫妻と娘のミルドレッド、国連軍司令部詰め韓国軍少将、そして自称公使の韓国人夫婦、計十名だった。なお来日した一行の宿所だが、李承晩夫妻、白善燁、孫元一および筆頭秘書官にはクラーク邸の来客用寝室が提供され、それ以外は一般ホテルか米軍専属ホテルに泊まる手筈だったけれども、実際にはそうならなかった。理由はすぐにわかる。

李承晩は上機嫌でタラップを降り、出迎えの人々と握手を交わし、岡崎外相とも親し気にカメラの前でポーズを取った。そしてあわただしく迎えの車に向かったが、この時、李承晩夫妻と一緒の車に乗り込んだのはクラークと夫人のモーリンだった。車列は、万が一のテロ事件を恐れ、だいぶ飛ばし気味に進んでいた。しかし、車列がクラーク邸まで十五分（約二十キロ）の地点に至った時、李承晩はいきなり筆頭秘書官を呼べと言った。報道陣に渡す声明文を手直しすると言うのだ。クラーク邸に到着した後、落ち着いた環境でゆっくりとやればいいだろうという考えはない。車列は止まり、クラーク夫妻は車の外に出、入れ替わりに二名の秘書官が乗り込み、大汗をかいて李承晩の思い付きを文書に落とした。

李承晩のクラーク邸での振る舞いは一事が万事この調子だった。李承晩は本当に昼夜を問わず側近を膝下へ呼びつけ、けたたましい声であれこれ命じる人間だったから、秘書官、広報官、ボディーガードたちはホテルに投宿せず、全員クラーク邸にたむろし、クラーク邸がまるで自分の家であるかのように我が物顔で振る舞い、厨房で電気冷蔵庫を開けることまでやったから、クラーク邸は朝鮮語の洪水に首まで浸かり、クラーク夫妻のプライバシーは消滅した。人の物と自分の物が区別できない李承晩一行の喧騒がいかなるものであったかは、夫のクラークだけが察知できるモーリン夫人の怒気が物語っている。

ところで、かの手直し声明文はどうなったか？

クラークは李承晩から完成した声明原稿を見せられ、忌憚のない意見を求められた。その時の顚末は回想録で次のように書かれている。

「私は声明を読んでショックを受けた。それは日本と朝鮮の間で大昔[*4]に起きた争議を蒸し返すことから始まり、そして現在に至るまでの日本を徹底的に罵倒し、猛省を促すと結んでいた。日本人がその声明を読めば大いに気分を害するだろうし、また、李承晩が私のゲストとして来日したという記事の隣にその声明が掲載されるなら、大いにアメリカの国益を損なうだろう。私は動転し、思わず『ダメだこれは！』と叫び、それに代わる文言を余白に書きこんで穏やかなものに変えた。李承晩は素直に私の修正文を受け入れ『私を招待してくれたクラーク大将の恩義に報いるため、あなたの意を酌んだ声明にしよう』と言ってこの件は終わった」

セキュリティー問題は最後までクラークを悩ませ続けている。なぜなら李承晩はクラークがお膳立てした東京での計画をぶち壊し、その代わり韓国人の集会で講演するため、東京中を周遊すると言い出したからだ。クラークはなぜ突然李承晩がそんなことを言い出したのか分からず、老人の気まぐれだと判断したが、実のところ李承晩の腹はクラークのおかげで日本をののしる部分が全部ボツになった声明をみずからの声で在日朝鮮人の耳に注ぎこもうとしたのだ。しかし在日朝鮮人の半数は共産主義シンパであり、講演会場から講演会場を渡り歩く間、撃たれずにすむ筈はなく、場合によっては火炎瓶で焼き殺されるかも知れない。したがって、そんな講演ツアーをやるなら、前よりもさらに大がかりな警備問題が発生する。だからクラークは日本の警察に相談をもちかけず、李承晩に駄目を出した。結局、かなり手こずったが李承晩は諦め、その代わり自衛隊市ヶ谷駐屯地[*5]に入居した国連軍司令部に韓国人コミュニティの指導者を連れてきて懇話会を開くことで折り合った。クラークはこのため、韓国人指導者を連れて来るバスを用意し、懇話会の場として国連軍司令部の会議室を提供している。これが訪日二日目に突然開催された飛び入り行事だった。

いっぽうクラークは東京で日韓協調を前進させ、防共体制を強化しようとはかったが、これは大失敗に終わり、それが回想録に記されている。

「……ところで吉田首相は李承晩一行に敬意を表して自邸での夕食に招待したいと提案した。いっぽう私は我が家で催す李承晩のための夕食会に吉田首相と岡崎外相をゲストに呼ぼうと思っていた。しかし李承晩は日本人と食事を共にする義理は無いと言って断固首を縦に振らなかったが、その直後、李承晩は日本人と非公式に合って相互の問題について話し合うことに賛成すると言ったので、結局、韓国人指導者相手の講演が終わった一月六日の午後、我が家で、李承晩、マーフィー大使、吉田首相、岡崎外相、そして私という計五人での茶会を催すことになった。

李承晩はまたしても私を驚かせた。茶会の席で李承晩はソフトな歩み寄りの姿勢は一切みせず、終始一貫、攻撃的で相手を叱りつけるような態度で臨み、和解の醸成など考えたこともないと言った様子だった。マーフィー大使と私はいかなる言葉も差しはさむことは避けた。李承晩独演会の聞き役に徹し、無表情の仮面をかぶり通した吉田首相は、茶会の終わりに、『忍耐の美徳はどんな難問の解決にも必要不可欠である（The virtue of patience is essential to the solution of any problem.）』と謎めいたことを言って我が家を辞した」

茶会から数時間後、クラーク邸では李承晩のための晩餐会が始まり、めでたく盛会の内に終わった。翌日（一月七日）、李承晩一行が釜山に向けて出発したとき、クラークは飛行機が空に浮かび上がるのを見て、いっしょに見送ったトーマス・ヒッキー国連軍参謀長につぶやいた。

「李承晩はいったい何をしに来たのだろう？」と、クラーク。

「年寄りの発作的な衝動でしょう」

「私は少し李承晩に深入りし過ぎたかも知れない」

クラークは後悔したが、遅きに失している。なぜなら四月になって、アメリカを愕然とさせる李承晩の暴挙があり、裏切られた感じのクラークは李承晩への深入りを、この時心底悔やむことになる。李承晩は、結局、このアメリカ陸軍大将のキャリアに味噌をつけ、同大将がアイゼンハワー政権でのしかるべきポストに着くことをできなくしてしまった。

註

＊1　ドワイト・デヴィッド・アイゼンハワーは一八九〇年十月十四日、テキサス州デニソンで誕生。一九六九年三月二十八日、ウォルター・リード陸軍病院で死去。享年七十八歳／死因は鬱血性心不全。ところで猛烈なゴルフ狂アメリカ大統領は三人いる。それは第二十七代タフト、第二十八代ウィルソン、第三十

四代アイゼンハワーだが、アイゼンハワーが他の二人と違う点は通常八〇台でワンラウンドを終えるという、まずまずのプレイヤーだったことだ。アイゼンハワーは大統領在任中の八年間で約八〇〇ラウンド（おおむね週二回）のプレーをした。余談ながら、アイゼンハワーが最も好んだのは8番アイアンであり、天国はと問われると、ジョージア州のオーガスタ・ナショナル・ゴルフクラブだと答えた。

＊2　一九五二年十二月は日韓国交正常化以前の騒然とした時期であるため、クラークの言う《駐日韓国公使》は日本に存在しない。おそらく李承晩の信任厚い在日韓国人の誰かであろう。

＊3　エリス・オームズビー・ブリッグスが韓国駐在アメリカ大使に着任したのは一九五二年十一月二十五日のことで、なんとかアイゼンハワーの朝鮮視察には間に合った。ところで前任大使ムチオはクラークが国連軍総司令官に就任してから四カ月後の九月八日に転任した。つまり約三カ月間、韓国はアメリカ大使不在だった。

＊4　クラークは回想録の中で「それ（声明）は日本と朝鮮の間で大昔に起きた争議を蒸し返し、（It rehashed old controversies between Korea and Japan）」と記述している。《大昔に起きた争議》とはおそらくアメリカ建国の二百年前に起きた秀吉による朝鮮出兵を指しているものと思われる。

＊5　サンフランシスコ条約発効によって国連軍司令部は一九五二年（昭和二十七年）七月七日、接収していた日比谷の第一生命館を第一生命保険株式会社に返還し、自衛隊市ヶ谷駐屯地に入居した。ちなみに国連軍司令部（正式には国連軍後方司令部）は一九五四年にキャンプ座間へ移転し、さらに二〇〇七年、キャンプ座間から横田基地へ移転。現在に至っている。なお正確を期するなら、クラークが入居した移転先は市ヶ谷駐屯地ではなく旧陸軍省&参謀本部跡地であり、この地が自衛隊市ヶ谷駐屯地と命名されたのは一九六〇年だった。

2　瀬戸際外交

（1）李承晩は理解不能

いかなる魂胆で李承晩は日本を訪れたのだろう？

一九五二年十月七日、李承晩はハリソンが南日に通告した休戦交渉無期限休会を大いに喜んだ。しかし十一月の本選でアイゼンハワーは大統領に当選。そしてすぐに朝鮮視察となり、そのとき記者団を前にした次期大統領は休戦協定の一刻も早い妥結をぶち上げた。さらに十二月十三日、ジュネーヴで開催された国際赤十字理事長会議で、傷病兵捕虜交換が十五対二で可決採択[*1]されている。今やアイゼンハワーのおかげでアメリカの世論は休戦の一字に向かって怒濤の勢いだ。この流れにくさびを打ち、世界最強アメリカ軍の破壊力を使って、共産軍を鴨緑江の彼方に追い落とすためにはどうすべきか。

――さればクラークを口説き落とし、アメリカをその気にさせよう。

思い立ったが吉日。他人の都合などおかまいなしの李承晩は、クラーク口説きのため、唐突に正月休み中のクラーク邸に乗り込んだ。ここまでは無理が通った格好だが、日本糾弾声明と在日朝鮮人相手の講演会企画でクラークの駄目出しに遭い、かつ、吉田首相との非公式茶会では静かな無視をもって上手にあしらわれ、しかも最大目的だったクラーク口説き落としは時間切れで、どこかに行ってしまった。

――仕切り直しだ。

かくして二月、李承晩は唐突に首都を疎開先の釜山からソウルに移す命令を出した。これは頻繁にソウル近郊の第八軍司令部を訪れているクラークを景武台《キョンムデ》に呼び寄せ、北進統一という武力制圧論を吹き込んでやろうとしたのだ。しかし李承晩の突飛な思惑に考えが及ぶはずもない常識人のクラークは一九五三年二月二十二日、次の書簡を板門店の連絡将校に託して金日成と彭徳懐《ポン・ドーファイ》に送った。

「金日成朝鮮人民軍総司令官および彭徳懐中国人民志願軍司令員へ／赤十字国際委員会は、一九五二年十二月十三日にジュネーブで採択した決議に基づき、純粋な善意と人道的見地から、国連軍と中朝軍に対し、『速やかに移送可能な重篤傷病兵捕虜を交換付すべし』と呼びかけました。

国連軍は、板門店でこれについての言及を繰り返した通り、当初からジュネーブ諸協定の人道的条項を忠実に遵守しており、特に重篤傷病兵捕虜に関しては、同協定第一〇九条[*2]の規定に従って迅速に行動する準備を完了しました。

私は、あなた方から直ちに重篤傷病兵を交換する準備ができているか否かについて返事を得たいと思います。

署名／マーク・ウェイン・クラーク国連軍司令官」

これを知った李承晩はしばらく癇癪を連発し不機嫌のど真ん中にいたけれど、そのうち中朝共産軍がクラーク書簡無視を決め込んでいるのを見て、にんまりした。

だがそれから十日も経たない三月六日木曜日、「スターリン死す！」の報が全世界に飛んだ。死因は脳内出血だったが、その引き金となったアテローム血栓性脳梗塞はスターリンの脳内に妄想性パーソナリティー障害という異変を呼び込み、かくして偏執狂気のスターリンは朝鮮戦争にゴーサインを出し、休戦協定妥結を絶対に許さなかった。スターリンの解剖に立ち会ったミヤスニコフ教授から《正真正銘の狂人》と折り紙が付けられたソ連の独裁者は李承晩と同じ方角を目指していたことになる。七十四歳を一期として死んだスターリンの葬儀が三月九日に終わり、マレンコフ政権が発足すると、すぐさま取り上げられたものが朝鮮戦争の幕引きだった。[*3]

こういうソ連の暗躍は、もちろん西側には漏れて来ない。だが必ず何か起きる筈だとワシントンから通知されたクラークが、かたずを呑んで見守る中、三月二十八日午後二時五分、板門店に詰めていた国連軍連絡将校はクラーク宛ての書簡を北朝鮮の連絡将校から渡された。

「マーク・ウェイン・クラーク国連軍司令官へ／我々はクラーク将軍が一九五三年二月二十二日に発信した書簡について次の通り返書を致すものです。

交戦状態にある双方は、傷病兵捕虜の優先的送還に関し、休戦協定草案第三条（捕虜に関する取り決め）の53項で事実上の合意に到達していました。しかし休戦交渉そのものは一九五二年十月八日から中断状態にあったので、傷病兵捕虜の優先送還は合意に至ったものの、それを実行に移す大義名分がなかった。それだけのことです。

我々は、国連軍側のジュネーブ諸協定に添う傷病兵捕虜交換という提案と同様の趣旨をもって、休戦協定締結前の傷病兵捕虜交換に同意します。

傷病兵捕虜交換はジュネーブ協定一〇九条の規定に従って処理されるべきものと想定しており、このステップを踏むことにより、我々は敵対意識を静め、円滑な和解へと進み、世界中の人々が待ち望んでいる朝鮮での休戦達成を果たしたいと考えます。それゆえ我々は板門店での休戦交渉再開を提案します。このため、我々の連絡将校には国連軍の連絡将校と面談し、交渉再開日程を協議し、取り決める権限が与えられます。

金日成朝鮮人民軍最高司令官および彭徳懐中国人民志願軍司令員」

この書簡へ裏書きをするように、三月三十日、周恩来はラジオのマイクを通じ、休戦の障害となっていた捕虜問題に言及し、「捕虜は全員本国送還を基本とするが、本国送還を拒否する捕虜についてはインド等中立国への引き渡しを前向きに検討すべきである」と提唱した。そして翌三十一日、今度は金日成がラジオ放送で、周恩来の提唱を完全に支持すると述べている。これに対しクラークは、同日、次の返書を送った。

「金日成朝鮮人民軍総司令官および彭徳懐中国人民志願軍司令員へ／私は数時間前に北京放送で伝えられた周恩来首相の声明を大きな好意をもって聞きました。放送で触れていた周恩来提案を公式文書で中朝側休戦交渉団から受領するならば、我々国連側休戦交渉団は迅速かつ慎重にその内容を検討します。国連軍司令部は建設的な提案を歓迎し、その提案は朝鮮において名誉ある休戦を達成するでしょう。私としてはこの点を強調する以外にコメントすることはありません

マーク・ウェイン・クラーク／国連軍司令官」

金日成および彭徳懐の返書にせよ、周恩来のラジオ放送にせよ、これらは今までさんざん国連側交渉団が言って来たことそのままだったから、首席交渉官ハリソン将軍は中朝側のご都合主義にめまいを起こしそうになったが、ともあれ休戦交渉は確実に動き出した。かくして四月一日から四月十三日まで連日、連絡将校同士のミーティングが続き、四月十四日、リトルスイッチ作戦（Operation Little Switch）と名付けた小規模の傷病兵捕虜交換が始まった。この交換は六六七〇人の中朝軍捕虜と六八四人の国連軍捕虜（一四九人の米兵を含む）の交換で、これに要した日数は七日だった。

※　　※　　※

第二次大戦で凄惨なナチス・ドイツの大量殺戮実態と原爆の恐るべき被害実態を知ったアイゼンハワーは心の底から戦争否定の人間になって大統領に就任した。だから朝鮮戦争は問答無用の即時休戦であり、ドル紙幣で休戦反対の李承晩を黙らせることができるなら、その線で休戦妥結を急ぐようダレス長官に示唆している。

いっぽう李承晩は交渉妥結に向けて懸命に走り出したクラークの利用を諦め、そのかわりにアイゼンハワーを脅して望ましい結果を得ようとした。このアイデアはアイゼンハワーの休戦への気持ちが強ければ強いほど、脅せば折れて来るだろうという非常に悪辣な考えから出ている。韓国は超大国アメリカのおかげで主権国家としての国際的承認を得た。そういう恩義があるのに、今度は偉大な軍事指導者からアメリカ大統領に就任したアイゼンハワーを脅迫するというわけだ。呆れるほど非常識で素っ頓狂なアイデアだったけれども、李承晩は正真正銘の変人だったから、考え直す様子は一切ない。手始めに外交部長の卞栄泰《ビョン・ヨンテ》に命じ、駐韓アメリカ大使ブリッグスを呼んでギクリとするようなことを言わせた。ちなみに風采は上がらず、目つきだけは良くない卞栄泰は李承晩に輪をかけて夜郎自大の男だったから、李承晩の勝手気ままな思いつきにブレーキをかけたことは一度もない。

ブリッグス「四月三日金曜日のことです。外交部長卞栄泰が私を釜山にある外交部疎開庁舎に呼び、『貴国がたいへんご苦心されている休戦協定について申し上げたい。ご承知の通り、大韓民国政府は休戦に反対しているが、それにも関わらず休戦成立となるなら、我が国はアメリカに見かえりを要求するでしょう』と言ってきました。見返りとは何のことだと問い返すと、外交部長は韓国軍をクラーク将軍の指揮下から外すとか、あるいは対馬を我が国の領有下に置くとか、いろいろあります、と我々の背中にナイフを突き立てるようなことを仄めかしました。ついては、外交部長の発言と一緒に、最近頻発している休戦反対デモについて国務省へ知らせます」

卞栄泰外交部長

休戦反対デモは李承晩が運動資金をばらまいてやらせた官製デモで、主要な大通りや国会議事堂（旧朝鮮総督府）に横断幕をめぐらし、その下をわずかな手間賃で地元のボスに雇われた大群衆がプラカードをかかげ、スローガンを叫んで練り歩くというものだった。スローガンは「北進統一《パクチン・トンギル》」だったけれども、実際そこに併記されていたのは「North-attack integration」という英語で、ここからデモの訴求相手がアメリカ人だとわかる。さすがに群衆が口々に叫ぶスローガンは英語というわけには行かず、こちらは「北進《パクチン》、北進《パクチン》！」と連呼する韓国語だった。デモ隊は主要な街並みを練り歩いたのち、最後は必ず国連従軍記者ビルに向かう。その理由は簡単で、このビルの前でひと騒ぎすれば、記事となって全世界に配信されるからだ。

見物人から見て断トツ人気だったデモ隊は女学生の一団で、彼女たちは歌ったり、笑ったり、おしゃべりをしながら行進していたが、従軍記者ビルの前のほこりっぽい交差点に来ると、ホイッスルの合図で立ち止まり、次の合図ですべての女学生が地べたに座って泣き始めた。最初は涙が出なかったけれど、そのうち何かが取り憑いたように、泣き声が高くなり、全員の頬に大量の涙が流れ、そしてホイッスルが鳴ると、英語でいっせいに「Don't sell Korea ／朝鮮を（共産主義者に）売らないで」を叫び、そのうち従軍記者ビルを囲んでいる有刺鉄線に身を投げる女学生があらわれた。この狂騒に従軍記者連中はびっくり仰天し、写真と一緒に朝鮮巫俗《ムーダン》もどきの女学生物語を本国へ送っている。

外交部長の物騒なささやきとデモ騒ぎでブリックス大使を動揺させた李承晩は、次にワシントン駐在韓国大使梁裕燦《ヤン・ユチャン》にダレス長官との会見を命じた。大使は四月八日午後五時にダレス長官と国務省で会い、次の五項目を提起すると、長官の意見を求めた。

①朝鮮は共産主義者のいない社会として南北統一されること。②すべての中国共産軍は朝鮮から一掃されること。③北朝鮮軍は武装解除されること。④第三者による朝鮮在住共産主義者への武器提供の禁止。⑤大韓民国を国連加盟国に迎え、国連総会での発言権を持たせること。

ダレス長官は右五項目へのコメントを避け、「アイゼンハワー大統領が近い将来、韓国を大いに支援する」という声明を出すならば、大使は満足かどうか尋ねた。大使は「素晴らしい」と答え、それを聞いて長官は、アイゼンハワー大統領と話し合うと述べた。すると大使は、来週中に長官がアイゼンハワー大統領とこの件について話し合うことを要求し、ダレスは、アイゼンハワー大統領は目下休暇中であるからワシントンに戻った後、話し合うと答えた。以上はこれに同席した国務省ヤング東北アジア部長の議事録に基づいている。ところでこのときダレスは、アイゼンハワーが十六日、公務に戻り、アメリカ新聞編集者協会が主催する会合で演説が予定されていることを知っていたけれど、これを梁裕燦《ヤン・ユチャン》に教えず、とぼけ通した。余談ながら、ダレスは四月十日から十六日までオンタリオ湖にあるカナダ領メインダック島で静養となっている。

　さて、身勝手な李承晩は軽躁者特有の思いついたらすぐ実行という性急な男だったから、梁裕燦がダレスと会談した翌九日、いきなりアイゼンハワーに糾弾電報を送りつけた。なお、この電報はトレーの中に放置され、四月十四日火曜日、気を利かせた首席大統領補佐官シャーマン・アダムスがジョージア州オーガスタでゴルフ休暇を楽しんでいる大統領に届けたのだが、中身を読んだ大統領は「アイゼンハワーよ、お前は大バカ者だ！」とののしる李承晩の姿を行間に見て取り、驚くことになる。

「アイゼンハワー大統領閣下

　私はしばしばあなたに手紙を送ろうと思っていました。しかし私の手紙で、あなたの貴重なお時間のさまたげになることを恐れ、控えておりました。しかしながら、今や、私は沈黙を破り、私が考える『朝鮮民族のために取るべき措置』をあなたにお伝えするため、私はあなたに親電を送ります。

　私は、アイゼンハワー大統領が可能な限り速やかに名誉ある朝鮮戦争の終結をはかろうとしていることを承知しています。そして、今ひとつ。私は次なる事実があることも承知しています。それは何が何でも平和が一番と叫ぶ輩がどの国にも居る。あなたの周りにもそういう目先の利かない馬鹿者が居る。そう承知しています。そして朝鮮民族はあなたのそばに居て平和を叫ぶ邪魔ではた迷惑な馬鹿者のおかげで再び絶望に苦しむのです。もちろん私を含む朝鮮民族はアイゼンハワー大統領に希望を託し、輝かしい未来を信じています。しかし平和第一と唱える輩のおかげで、私の周囲には灰色の失

アイゼンハワー大統領

望感がよりはっきりした形となって、確実に存在するようになりました。

最近の国連総会におけるインド案採択で共産主義者の影響が無視できぬものとなり、また板門店における休戦交渉での中朝共産側の横暴が物語っている通り、チェコスロバキアやポーランドのような共産主義国が軍事休戦委員会メンバーになろうとしています。こうなれば中国共産軍はますます朝鮮半島に居座ろうとするでしょうし、これを許してしまえば、韓国は独立国家として生き残ることができず、毛沢東が支配する中国に呑み込まれ、真っ赤に染め上げられて終わりです。また、もしも韓国がソ連の一共和国に組み込まれるなら、事はさらに深刻で、そうなれば自由主義陣営の国々から、一つ、また一つと次の犠牲者が出るのです。

私の不退転の決意は一にかかって北進統一です。この決意のもと、朝鮮半島にいるすべての共産主義者を鴨緑江の向こう側に攻め落とし、朝鮮全域を民主主義国としてまとめ上げること。これが北進統一というスローガンのすべてです。

私は国連軍に参加して朝鮮半島で戦っている全友好国に尋ねたいと思う。皆さんは休戦すれば韓国は身の破滅と分かった上で、休戦を良しとするのでしょうか？　皆さんは戦争継続の上、共産主義者を朝鮮半島から一掃し、北進統一という我々の悲願を達成するために、我々と行動を共にしたいとは思わないのでしょうか？

アイゼンハワー大統領、あなたは休戦という偽りの平和に踏み出そうとしていますが、私は別の道を歩みます。私は休戦交渉が始まった時、韓国軍を国連軍の作戦統制下から外して私の下に移し、戦争を継続するとリッジウェイ将軍に伝えており、私は今回この主張を繰り返すと共に、休戦協議自体をボイコットするという新たな私の意思をあなたにお伝えします。

あなたの健康を祈って、敬具、李承晩」

アイゼンハワーはどれほど取るに足りない局地戦であろうと、それは必ず原爆をぶつけ合う世界大戦になると見ていたので、李承晩から目先の利かない愚か者呼ばわりされようと、戦争否定の信念が曲がることはなかった。手紙を一読したアイゼンハワーは、李承晩という警戒すべき扇動家の姿とそれに付和雷同する韓国大衆の姿を感じつつ、みごとに禿げ上がった頭をひとなでにすると、伝令《クーリエ》を使って手紙をダレス長官に転送の上、ゴルフ休暇を続けた。なお大統領が泊まり込んでいるオーガスタ・ナショナル・ゴルフクラブの17番ホールにはティーグラウンドから二一〇ヤードのあたりに大きな松の木（高さ20メートル）があり、いかにもそれらしい格好で枝をのばしていたから、大統領は何度もこの木につかまり、スコアを崩した。残念ながら、李承晩レターを目にしたこの日、17番ホールでアイゼンハワーに何が起きたかは分かっていない。

事実は小説よりも云々《うんぬん》という出来事が同じ四月十四日に起きる。

この日、自分の手紙が放っておかれ、やっと十四日にオーガスタのゴルフ場で封が開けられたことなど知るよしも無い李承晩は、もうそろそろアメリカから何か言って来るころだと人待ち顔だった。いっぽうこの日、駐韓大使ブリッグスは十日前のダレスと梁裕燦との会見で提起された五項目について李承晩の腹の内を探ろうとアポ取り電話をすれば、すぐ来いという返事だ。このときブリッグスは李承晩が送ったアイゼンハワーへの非常識な手紙のことなど知らないから、なぜすぐ来いなのか怪訝な気持ちで景武台に向かい、午後三時、客間に通された。

ブリッグスはすぐ「梁裕燦大使とダレス長官の会談は承知していますか？」と李承晩に問うと、「簡単な要約電報しか受け取っていないので、詳しいことは知らない」という答えが返ってきた。当然と言えば当然だが、二人はちぐはぐな問答を繰り返したので、二時間を超える長丁場となった。その中でのユニークな出来事は李承晩がブリッグスに口述筆記させた次の支離滅裂なアイゼンハワーへの手紙である。

「親愛なるアイゼンハワー大統領／韓国の民はひどく疲れています。失礼なことを申し上げるけれども、アメリカにとってこの戦争は遥か彼方で起きた遠い戦争ですが、私たちにとっては、国全体が荒廃し、首都が破壊され、産業が台無しにされた戦争です。

戦争が始まって三年間、私たちは力の及ぶ限り努力し、アメリカは素晴らしい支援を私たちに与え、私たちは希望を持って生きて来ました。私はアメリカが全世界に向かってその力を発揮しなければならない立場にいることを知っています。そして我が韓国は、アメリカが共産軍という犯罪者集団に立ち向かう様々な場所の一つにすぎないことを私は知っています。

朝鮮統合にあたり、私がやれることはほとんどありません。私はくたびれた年寄りで、勝とうが負けようが、私の人生はもうすぐ終わります。韓国の民が私の中に見いだした価値は、朝鮮独立のために戦ってきた私の人生であり、いっぽうアメリカ政府が私の中に見いだした価値は、韓国民を束ねることができる私の力です。もしも韓国がアメリカと安全保障条約を結べるなら、それは戦う韓国の民にとって非常に喜ばしいことです。しかし、そうならない場合、『いかなることが起きようと、アメリカは決して韓国人を忘れない』という言葉が欲しい。私はそれを希望します。　敬具、李承晩」

四月九日にあれほど激烈な電文をアイゼンハワーへ送ったにも関わらず無反応のアメリカを見て李承晩

は狼狽し、このような迷走レターを口述したのだ。それが終わると、話題は板門店交渉に移り、ここで李承晩は一転強気に戻り、「板門店会議[*4]には韓国軍の李翰林《イ・ハンリム》准将が参加しているけれども、崔徳新《チェ・ドクシン》少将に変える。今まで韓国軍将官は韓国の代表ではなく、国連軍司令官の部下として陪席していた。これからは私が派遣する韓国政府の代表として会議に参加しなければならない」と述べ、それを潮にブリッグスは景武台を辞した。

二日後、すなわち四月十六日、アイゼンハワーの《平和への好機[*5]》と題する戦争否定と軍縮を謳った演説がテレビ・ラジオ放送で全世界に飛び、これに李承晩は癇癪の発作を起こした後、梁裕燦大使にダレス長官と面談し、ブリッグス大使に口述筆記させた乱脈レターとはまるで違う内容の覚書を手渡すよう命じた。四月二十一日、ダレスに渡された覚書は「朝鮮戦争の休戦が成立し、中国共産軍が鴨緑江の南、すなわち北朝鮮領に留まることになるならば、韓国軍は国連軍から離脱し、単独で北進統一の軍を起こす。そうなれば休戦協定は反故になるだろうが、当方の知ったことではない」という過激なもので、極端から極端へ行きつ戻りつする李承晩を見て、ダレスはこの老人が本格的な精神病患者の域に入ったのではないかと疑った。そういう疑念を持ちながらダレスは李承晩に送付するアイゼンハワー親書の草案を書き起こし、大統領署名を得た後、ブリッグス大使に託す形で、四月二十三日に親書を届けさせた。少し長くなるが以下はその全文である。

「親愛なる李承晩大統領

私は四月九日にあなたが私に送ったレターを慎重に拝読しました。

最初に申し上げたいのは、韓国人が自由主義世界共通の目的の下に支払った苦痛と犠牲のゆえに、アメリカは決して韓国を忘れることは無いし、韓国の福祉と安全への配慮を決して中止することは無い。私は心の底からそのように思っています。

あなたが言う通り、韓国人は自分が置かれた人為的で不自然な分裂状態に終止符を打ち、中国共産軍侵略者を朝鮮半島から撃退しようと熱烈に望んでいる。私はそれに深く共感しますが、しかし私は四月九日付のあなたの手紙に底知れぬ不安を覚えます。

そこで私が高く評価している四つの出来事について述べておきましょう。

第一は、韓国で国連軍がとった行動です。国連軍は最初に北朝鮮軍の武力攻撃を撃退し、続いて中国共産軍による武力攻撃を撃退し、韓国という勇敢な国の防衛に成功したことです。

第二は、国連軍が名誉ある休戦をその手に納めつつあることです。休戦が成立すれば、そのすぐ向こうには政治会議が控えており、そこには休戦交渉では扱えない残された課題について平和的解決を成し遂げるという最終目標がある。休戦協議を破壊し白紙に戻してしまえばどうなるのかお分かりのはずだ。よってあなたが覚書で述べた行為は絶対に許されることではありません。

第三は、休戦交渉が政治会議に託すべき残された課題について話し合い、合意形成のためのあらゆる努力をするという点です。これは私が四月十六日、ワシントンのスタトラー・ホテルでの演説で述べたように、名誉ある休戦とは、『朝鮮半島での自由選挙の開催につながる敵対行為の即時停止と政治会議への速やかなバトンタッチ』を意味するのです。

第四は、アメリカと国連が朝鮮の統一を常に支持して来たことです。しかし、アメリカも国連も、朝鮮統一という目的達成のため戦争に訴えることなど約束した覚えはありません。もしも韓国が休戦に反対し、戦争継続の挙に出るなら、韓国は国連の基本理念を完全否定する国だということになります。

さて、このような考えのもと、私は休戦交渉が合意に達した場合、アメリカは真の平和構築を目的として、韓国が直面している課題解決をはかるため、韓国政府との完全な協議を通じ、迅速に、精力的に、そして誠実に前進努力するつもりです。

しかし、韓国政府が、アメリカないしは他の自由主義諸国から受け入れられる筈もない行為に出るならば、真の平和への前進努力は完全に虚しいものとなるでしょう。韓国政府による無意味で無分別な行為は、朝鮮戦争でアメリカ兵の死をもって獲得したすべての成果を跡形もなく消し去り、韓国には災厄をもたらす結果となるでしょう。そのことはあなたも良く承知している筈です。

相互尊重と相互信頼の精神があればアメリカと韓国が力を合わせて前進させようとしている課題は必ず達成されるでしょう。私にはその自信があります。

しかしながら、不幸にも真の平和が韓国では達成できないと判明したなら、アメリカはその様な状況で何をなすべきか、冷静冷徹な考察に入らねばなりません。

敬具、ドワイト・デヴィッド・アイゼンハワー」

ブリッグスはアイゼンハワー親書を李承晩に渡したその日の午後六時に国務省へ面談の顛末を報告した。その報告によれば、「一週間前、李承晩が私に口実筆記させた時の鬱屈した気配は消え失せていました。李承晩は外交部長卞栄泰《ビョン・ヨンテ》を筆頭とする取り巻きの激励と鼓舞で極度に舞い上がった挙句、昨日は大規模のデモ隊を前にして《休戦反対・北進統一》を叫び、群衆を扇動しました。もはや李承晩は騎虎の勢であり、後戻りができない一線を越えたかに見えます。李承晩は私が大統領親書を渡すとその場で開封し、私と卞栄泰が居る前で声に出して読み、テンションはさらに上がりました。李承晩がアイゼンハワー親書によって鎮静することは無く、この日の長い会談で繰り返されたものは、『中国共産軍の即時撤退が明記されない休戦合意はぶち壊す！』であり、さらに、『アメリカの大統領は、休戦が偽りの平和だと分かっていない』と叫び、その後、私は面談を終え、李承晩の金切り声に追い立てられて景武台から退出しました」と、あった。

ブリッグスを嫌な気分で引き取らせた李承晩は、それから四日後の二十七日午後三時、己《おのれ》にとって都合の良い手駒の一つだと思い込んでいるクラークを東京からソウルに呼び寄せ、余人を交えず長時間会話した。この高級軍人には悔い改めの告解を聞く聖職者のような包容力があり、そこを李承晩に付け込まれたのだ。もちろんクラークはワシントンの了解のもとに李承晩を訪問したのだが、これについて彼は次のように回想録で語っている。

「ここ数日、東京でも厚着をしなければならないほど季節外れの寒さが続いたから、戦災復旧中だった景武台《キョンムデ》の、暖房の効かないまことに陰気な談話室の寒さに備え、私は軍服の下に冬物下着二枚と厚手のセーターを着込んで行った。

私は李承晩との面談を始める前に、李承晩の突飛な行動が生み出した抜き差しならない問題について、友人として率直に話し合うつもりでここに来たと言った。かくして始まった面談だったが、李承晩は極度に情緒不安定で、話があちこちに飛んだ。……私は李承晩に『思いついたらすぐ行動ではなく、まずは私にひと言相談してもらいたい。そうすれば私はアメリカ政府へあなたの思いを伝達し、好意的な理解が得られるよう努力してみよう』と言った。すると李承晩は、次からは私と話し合った上で決断する。北進統一については考え直す。そして、国連軍から韓国軍を離脱させ、韓国軍単独で戦うという一方的な行動は取らないと誓った」

クラークはワシントンとの橋渡しの件は承知したと言って李承晩をなごませ、東京に帰ったが、その二日後（四月三十日）、李承晩はクラークに休戦反対・北進統一の旗じるしを下ろすには次の八項目が必須であり、「アイゼンハワーにこれを納得させろ」と言う、いったいお前は何さまかと呆れるような趣旨の手紙を送っている。

①米韓相互防衛条約は、朝鮮半島からの国連軍の撤退に先立って締結のこと。
②緩衝地帯を韓国領（朝鮮半島の意味）の北側、すなわち鴨緑江の北側に設けること。また当該緩衝地帯は国連の監督下に置き、極東で恒久的な平和が確立されるまで維持されること。
③中国共産軍や他の外国軍は韓国領境界（鴨緑江のこと）を越えて韓国を侵略してはならない。
④アメリカとソ連の間で、アメリカの軍事配備が韓国で妨げられたり制限されたりする内容の合意文書を締結してはならない。
⑤中華人民共和国ないしソ連の陸海空軍が鴨緑江を越えて韓国領に侵攻しようとした場合、アメリカ軍は事前調整のための国際交渉や国際会議を行うことなく、直ちに韓国に戻り、敵の撃退にあたること。
⑥アメリカ軍は日本の軍隊を帯同して韓国領で戦闘行動を起こしてはならない。
⑦アメリカによる韓国沿岸の海上封鎖と防空は、極東の平和がしっかりと確立され、完全に保証されるまで、解除されてはならない。

⑧アメリカは、極東の平和と安全を保証するために、韓国の陸、海、空軍を増強し、強化すること。

李承晩の八カ条に呆れ返ったクラークは、「この八カ条は最初から終わりまでアメリカの鼻ずらを引き回そうとするハッタリだ！」と付記の上、そっくりそのままペンタゴンのロートン・コリンズ陸軍参謀総長に電送した。それから十日ほどが経ち、この間、板門店では本国送還を拒否した捕虜を軍事休戦委員会（ＭＡＣ）の下部組織で、スイス、ポーランド、スウェーデン、チェコスロバキア、インドという五カ国から成る中立国捕虜送還委員会（ＮＮＲＣ＝Neutral Nations Repatriation Commission）に委ねることで合意されたが、李承晩はＮＮＲＣメンバーに札付きの共産主義シンパのインドが入るのは絶対許さないと癇癪を起した。しかし李承晩八カ条に白けてしまったクラークはこれを黙殺。すると李承晩は、五月十五日、汶山《ムンサン》基地のヘリポートで、これから板門店に飛び立とうとしていた崔徳新《チェ・ドクシン》少将を電話口に呼び出し、休戦会議ボイコットを命じた。これは、休戦反対デモとは別口の、最初の実力行使だったが、これを重く見たダレス長官は、五月十八日、アイゼンハワー大統領に「国連軍司令部は李承晩の暴走を抑えられないのではないかと中朝共産軍から見られ、休戦交渉は、極めて危険な方向に向かいつつある」という前置きの勧告書を提出した。この勧告書の肝となる部分は以下二項目で、李承晩要求は完全否定だった。

①中立国捕虜送還委員会（ＮＮＲＣ）はチェコスロバキア、ポーランド、スイス、スウェーデン、インドという五カ国という合意を守ること。

②北朝鮮への送還を拒否した朝鮮人捕虜は、中国人捕虜同様、中立国捕虜送還委員会（ＮＮＲＣ）に引き渡されるという合意を守ること。

この勧告はアイゼンハワー承認後、国連軍交渉団に伝達され、南日に最終提案として提起された結果、休戦交渉は妥結に向けて大きく前進している。ところで南日への提案はエグゼクティブ・セッションという通訳だけを交えたトップ会談で実施されているから機密は守られている筈なのに、驚くほどの早さで李承晩へ伝わった。当然、李承晩は激怒。ブリッグスは李承晩の要求を受け、クラークを伴って景武台《キョンムデ》を訪問した。このとき李承晩が演じた幼児性丸出しのヒステリーは、ブリッグス大使が五月二十五日付けでワシントンに送った電文（文書番号２５１２３０Ｚ）に漏らさず書き記されている。

「私・ブリッグスとクラーク将軍は今朝午前十時から昼の十二時十分まで李承晩大統領と会談し、この時、外交部長卞栄泰《ピョン・ヨンテ》も同席しました。私たちが休戦交渉で中朝共産側に提示した国連軍の最終提案を話し終えると、李承晩は『私は深く失望している。アメリカは休戦交渉が始まってから今まで、頻繁に方針を変え、そしてインドは駄目だと主張する韓国政府の見解を一顧だにしなかった』と述べ、その後、左記の九項目に渡る条々を一方的に、かつ、取り留めなく話しました。

①休戦は韓国にとってまったく無意味だ。

②私（李承晩）が望んでいたのは、サンフランシスコ講和条約と同時に締結された日米安全保障条約と同様の米韓相互防衛条約だ。

③韓国内で中朝共産軍が北朝鮮への帰還を拒否した捕虜に六カ月間も接触できるという休戦合意は、北朝鮮への強制送還を許すのに等しい。共産党員に近寄られた多くの捕虜は自殺するだろう。

④私は休戦に反対していない。休戦反対は国民大衆の意志である。これをアイゼンハワー大統領に伝えてもらいたい。政府が休戦に反対するなと命じても、国民大衆は受け入れないだろう。

⑤ソ連は第三次世界大戦を始める準備を進めている。アメリカは戦争否定に舵を切って全世界を失

望させないでもらいたい。
⑥アイゼンハワー大統領はアメリカ自身のために、私の見解を知らねばならない。民主主義は後退し、弱体化している。アメリカが戦うのは今だ。さもないと、アメリカは孤立し、負けと決まった戦いを戦うことになる。
⑦私たちは単独で北進の戦を起こし、死ぬだろう。
⑧私たちは民主主義に頼ることで間違いを犯した。
⑨休戦反対を取り下げることはできない。私はアイゼンハワー大統領に協力しない。
私とクラーク大将は李承晩の逆上を鎮静化させるため、ワシントン訓令のもと、次の四項目を提案しました。
①朝鮮で戦った国連軍十六カ国により、次の共同声明を発する。
『共産軍が休戦協定の諸条項を破るなら、国連軍は結束して戦う。また国連軍が戦う場合、戦闘地域は朝鮮半島内に限定されない』
②アメリカは二十個師団まで韓国陸軍を育成すると同時に、韓国が相応の海空軍力を持つための支援を行う。
③アメリカは議会承認を得た上で、返済義務無しの経済支援十億ドルを韓国に投下する。
④平和が確立するまで、アメリカ軍は韓国内、およびその周辺エリヤで警戒態勢を維持する。
李承晩は、これらの提案を黙って聞いていましたが、そのうち鼻先で笑い、『大韓民国は、アメリカを信じて間違いを犯した。四項目の提案を聞いたが、そこには中国共産軍の撤収に関する文言が一

言半句盛り込まれていない。となれば、休戦は大韓民国の滅亡に繋がる。こんなことは子供でもわかる』と言いました。私たちに対する李承晩の態度は完全に非協力的で、手が付けられないものでした。李承晩は、休戦協定に関するアメリカの行動に失望したと繰り返し、最後にアメリカは以下四つの要望を受け入れねばならないと言いました。

①米韓相互防衛条約および韓国自身の防衛強化を目的とした軍事的、経済的米韓援助協定の締結。

②韓国防衛のため、有効な地域へのアメリカ陸海空軍兵力の駐屯。

③アメリカ軍を除く国連軍の朝鮮半島からの撤退は中国共産軍の撤退と同時とすること。

④本国送還を拒否した北朝鮮軍捕虜の即刻釈放。

ソウルでは《休戦反対／北進統一》の大規模デモが連日のように起きています。韓国だけで戦争を続ければ負けると分かっているから、アメリカを引きずり込もうと必死なのです。(以上)」

ブリッグス電文にはこの日李承晩から託されたアイゼンハワーへの親書が添付されている。李承晩の手紙はこの場合もそうだが、いつも不必要なまでに長い。アイゼンハワーに出したこの手紙から余計なものをそぎ取ってしまうと、「朝鮮半島から中国共産軍を出て行かせろ。アメリカ軍は、金日成というソ連の手先が軍事境界線の向こうにいる以上、それが消滅するまでここに居ろ」だった。

(2) 裏切りという名の大博打

本格的な傷病兵捕虜の交換は六月八日月曜日から順調に開始され、いっぽう同じ日、板門店では交渉開始から一四六回目となる本会議でハリソン将軍と南日将軍が《中立国捕虜送還委員会(ＮＮＲＣ)に関する付託条項》に署名し、あとは休戦協定正本への調印日時と場所を確定するだけとなった。

いっぽう六月六日、ソウルではブリッグスとクラークが特使となってアイゼンハワーが署名した李承晩宛て親書を景武台に届けている。六月六日はノルマンディー上陸記念日だったが、たまたまこの日に署名された親書はタイプ用紙四枚びっしりという長文であり、重要ポイントだけに焦点を絞ると「①アメリカはあらゆる平和的手段で朝鮮統一に取り組む」、「②アメリカがフィリピン、オーストラリア、ニュージーランドと締結した相互防衛条約と同様の条約を韓国と締結する」、「③韓国への経済援助は継続する」というものだった。この時、二人の特使に向かって李承晩がいかなる態度言動に出たかについてはクラークが報告電文をワシントンに送っている。この電文も相当の長文だが、要旨は以下の通り。

「私は、休戦反対運動の取り下げに関する李承晩説得にまったく失敗した。私は李承晩がこれほどまでに理性を失い、激情に駆られ、混乱して支離滅裂になるのを見たことがない。

捕虜について李承晩は私の言をさえぎり、『アメリカは中朝共産軍におもねり、大きな間違いを犯した』とうなされたように繰り返した。私は李承晩に韓国軍を国連軍から本気で離脱させるつもりかと尋ねると『離脱は今日でも明日でもないが、いつかはやるつもりだ。それに関してはあなたと事前に話し合う』と保証した。次に私は韓国軍だけで鴨緑江へ進撃すれば惨敗のあげく、国を失うことになる。無意味なことは止めるよう説得につとめた。すると『北進の軍を起こそうと、起こさずにおとなしくしていようと、韓国は共産中国に呑みこまれるだろう。避けられないことだ。韓国人は一人残らず死ぬ』と答えた。

相互防衛条約に話題を移すと、李承晩は『三十八度線の北側に中国共産軍がいる以上、防衛条約も休戦協定も役に立たない』と言って癇癪を起し、まったく興味を示さなかった。李承晩はフィリピン、オーストラリア、ニュージーランドと締結した条約と同じ内容の防衛条約が提案されたことで、プライドが大きく傷ついたらしい。

嘘いつわり無く、李承晩は妥結目前の休戦協定をずたずたに引き裂く力を持っている。こういう力があればこそ、『共産主義者の手先となったインド軍を韓国に上陸させることは絶対に許さない』と怒号したのだ。間違いなく李承晩は最後までこの調子で突進するだろう。何らかの新機軸を打ち出す以外に打開の道はない」

このクラーク報告を受けて六月十一日、ダレスは李承晩に次の書簡を送った。

「親愛なる李承晩大統領閣下

私は個人的な立場から、真心を込めた挨拶と共にあなたのご多幸を祈る言葉を送ります。そして国務長官としての立場からは、朝鮮統一問題が新しい段階に至ったこの時、両国政府間の緊密な連携と協力を願う言葉を送ります。

アイゼンハワー大統領が六月六日の手紙であなたに語ったように、朝鮮統一は戦争を継続する以外の方法で達成を目指す必要がある。そう大統領は確信しています。戦争以外の方法で朝鮮統一を果たそうとする時、私はあなたに対し個人的に申し上げたいのだが、空疎な言葉をもてあそぶことは慎むべきでしょう。

私たちは朝鮮統一について堅く揺るがぬ決意を抱いており、それは武力に頼ることなく、計画的に積み上げた民主的な手法により必ず成功するでしょう。

休戦交渉で朝鮮統一問題は保留事項とされており、これは国連総会と韓国政府によって任命された代表団が参加する政治会議で討議されます。おそらくアメリカは国連の代表メンバーになるでしょう。さて、私たちがこの政治会議で成功をおさめるためには、どれほど素晴らしい資質を有するメンバーを派遣しようと、さまざまな犠牲を払ってきた米韓両政府の緊密な連携がおろそかになっていては成るものも成りません。したがって本件は、韓国政府とアメリカ政府が緊密に協力して取り組む必要があります。そこでアイゼンハワー大統領と私は、できるだけ早く米韓両政府の機密性の高い連携体制を確立したいと思っています。理想的な手順を申すなら、李承晩大統領にワシントンへ来ていただき、アイゼンハワー大統領と私が秘密裏に話し合うことから始めることが望ましい。しかし、韓国でのあなたの立場上、訪米が不可能の場合に鑑み、いくつかの代替案を考えてみたいと思います。なお、これらの話し合いは厳重に秘匿されねばならないことを強調しておきます。

私は一九五〇年六月に訪韓した時のことを鮮明に覚えています。私は大韓民国の国会議事堂を前にして、ここにいることを誇らしく思いながらあなたの横に立っていました。その時、私は大韓民国を決して孤立させないと約束しました。その約束は、時間と逆境の試練に耐え、今も力強く堅牢であり続けているとあなたに断言します。私たちアメリカ人はあなたと共にありたいと望み、そしてあなたと共に朝鮮統一を平和裏に達成するための具体策を立案したいと思っています。

一九五一年十二月、釜山で私があなたに会った時、私たちは朝鮮統一を勝ち取れる。そう信じていると私は言いました。覚えておられますか？　私は今でもその信念を持っており、そのためには実際的かつ具体的な方法で私たちは協力し合わねばならないと痛感します。

李承晩大統領ご夫妻のご健勝をお祈り申し上げます。　敬具」

ダレス書簡を李承晩に届けたブリックス大使は、「長官の非常に友好的なメッセージを心から感謝する」という好意的な発言を受け取り、嬉々としてワシントンへ報告した。そして六月十四日には李承晩からダレスに次の返書が届けられている。

「親愛なるダレス長官

あなたの温かい励ましの手紙に心から感謝いたします。私がワシントンへ行けるか否かについて申し上げると、私は寸時もソウルを離れることができない状況です。つきましては、顔を合わせて話をするため、ダレス長官のソウル旅行をご提案いたします。東洋へのあなたの旅行は時宜にかなったものであると私は考えており、目の前に横たわる重大な問題の解決にあたり、私たちのフェイス・ツー・フェイスの対談が役立つでしょう。ご来訪いただけることを願っています。

誠意を持って／李承晩」

これに対しダレスは六月十六日に李承晩へ返書を送った。内容は、自分はソウルに行けないが、代わりに国務次官補ウォルター・スペンサー・ロバートソン（極東担当）を早急に派遣したい。「ご都合はいかがか？」だった。ダレス返書は要約してしまえばこういうものだが、言葉足らずにならず、実に行き届いた内容で、相手を不快にさせる手紙ではない。しかし翌日十七日、李承晩は急用と称してブリッグス大使を景武台に呼び、「これは六月六日にアイゼンハワー大統領から頂戴した親書への返書である」と言ってうんざりするほど長い手紙を大使に渡した。

内容を見て大使は顔面蒼白になったが、それはアメリカ糾弾に名を借りた李承晩の恨み節だったからだ。

しかも李承晩は明後日（六月十九日）、この返書を報道関係者に公開すると大使に言い渡した。返書[*6]の要点は以下五項目である。

①日本の朝鮮支配に対する二十世紀初頭のアメリカの責任。

アメリカは一八八二年に締結した米朝条約（日米和親条約の二十八年後）に違反し、一九〇四年、フィリピンでのアメリカの優位性と引き換えに、朝鮮における日本の野心を黙認したと李承晩は大々的に非難した。これは日露戦争終盤に締結された桂・タフト協定を指しており、この協定に対する遺恨《いこん》は二十一世紀の今も、韓国の教育現場でアメリカがいかに信頼できない国であるかを裏付ける実例[*7]となっている。

②第二次大戦後の朝鮮分割に対するアメリカの責任。

一九四五年、アメリカはソ連と三十八度線での朝鮮分割について合意した。ソ連軍撤収後もスターリンの手先となった共産主義者は北朝鮮を離れず、朝鮮戦争の準備に拍車をかけ、アメリカはこれを放置した。朝鮮統一を妨げる状況を作り出した責任の一端はアメリカにあると李承晩は非難している。

③北朝鮮軍の韓国侵攻を誘発させたアメリカの責任。

一九五〇年一月十二日、国務長官アチソンはワシントンのナショナル・プレスクラブで『西太平洋における対共産主義防衛線はアリューシャン列島・日本・沖縄・フィリピンを結ぶ線であり、台湾と韓国はその外側にある』とスピーチし、除外を印象付けた。李承晩はこのアチソン発言が北朝鮮の侵攻を誘発したものと非難している。

④アメリカの韓国防衛義務についての不満。

アメリカはオーストラリア、ニュージーランド、フィリピン、日本と防衛協定を締結している。韓国はこの協定と同等以上の恩恵をアメリカから受ける権利があるのに、そうなっていないと李承晩は非難している。

⑤防衛協定の必要性に関わるアメリカの責任。

李承晩は『たった今必要としている米韓防衛協定は共産主義者から韓国を保護するためのものだが、しかし、その次には日本から韓国を保護するための米韓防衛協定が必要になるだろう』と述べ、さらに『日本は韓国を支配下に置こうと今も野心満々だ。日本の報道機関による韓米防衛協定反対キャンペーンがそれを良く物語っている』と続け、日本の締め付けが緩いとアメリカを非難している。

ブリックスは、無用に長く、話があちこちに飛ぶ李承晩返書を渡され、大使館に戻ってこれを電信に落とす際、何度も読み返したが、なぜ明日（十八日）ではなく、一日置いて六月十九日にこれを報道関係者へ開示するのか分からなかった。そこでブリッグスは何かの譲歩を引き出すための虚勢ないし威嚇だろうと予測したけれども、みごとに外れた。

六月十八日木曜日、李承晩は憲兵司令官元容徳《ウォン・ヨンドク》（中将）に命じ、その配下にある憲兵と警備兵を密かに動員して、釜山《プサン》、馬山《マサン》、論山《ノンサン》ほかの国連軍収容所に分散拘留されていた本国送還を拒否する北朝鮮兵捕虜二万五〇〇〇人を深夜零時から明け方にかけて釈放するという背信行為をしてのけた。これに関する新聞ラジオを通じての報道内容は次の通り。

「李承晩大統領は本日、反共を叫ぶ北朝鮮兵捕虜の釈放に関連して以下の声明を出した。

①ジュネーブ協定と人道的見地から、大韓民国内の収容所に拘留されていた反共北朝鮮兵捕虜はもっ

と早く釈放されていなければならなかった。私がこれら反共北朝鮮兵捕虜を釈放したいという希望について語り合ったクラーク大将ほかの国連軍当局者は私と同じ心境にあったけれども、各種制約があって、これらの捕虜を不当に長期間拘留してしまった。

②共産軍と国連軍の休戦合意はこれまで以上に複雑なものになっており、かつ、さらに深刻な結果につながってしまったおかげで、中朝共産軍は満足すれども、大韓民国国民には不満を与えることになった。

③結果として生じる重大な悲劇を避けるために、私は自分の責任で、一九五三年六月十八日、反共北朝鮮兵捕虜の釈放を命令した。

④国連軍司令部および関係当局との協議をまったくすること無く、この釈放を行った理由はあまりにも明らかであるため、あえて説明しない。

⑤私は、すべての道と市の知事と警察署長にはこれら釈放された反共北朝鮮兵捕虜を援助せよと命令を出した。

⑥私は大韓民国の全国民と国連の友人を信じている。互いに一致協力してことに当たれば、不必要な誤解は生じない。（以上）」

今一つ、李承晩は意図的に次の煙幕を張り、捕虜釈放という裏切り行為の発覚を遅らせている。それはワシントン時間六月十七日午後三時に国務省で開かれた韓国問題調整会議の議事録から明らかにできる。国務省ケネス部長が記録した議事録によれば、この会議の出席者は、白斗鎮《ペク・ドゥジン》（国務総理＝首相）、梁裕燦《ヤン・ユチヤン》（駐米大使）、ジョン・フォスター・ダレス（国務省長官）、ウォルター・スペンサー・ロバートソン（極東担当国務次官補）、ケネス・トッド・ヤング（東北アジア部長）、となっており、注意すべき点はこの会議のスタートが六月十七日日午後三時（ソウル時間十八日午前二時）だったことにある。つまり国務省で米韓の要人が話し合っていたまさにその瞬間、地球の反対側の朝鮮では大脱走というあからさまな背信行為があったわけで、ちなみにこの会議は別に珍しくも無い韓国からの陳情おねだりに終始している。

釈放された二万五〇〇〇人の捕虜（二万七〇〇〇や三万超と諸説あり、正確な数字は分かっていない）は韓国政府や李承晩支持団体が用意した隠れ家へ逃げ込み、服を着替えて韓国人社会に紛れ込んでしまったけれども、その半数は様々な役割を担った共産側の工作員だったから、せっせとスパイ工作にはげみ、時こそ至れば暴徒と化して南朝鮮を荒らしまわることになっていた。

クラークは回想録でこの時の模様を次のように書いている。

「六月十八日朝六時、私は電話で起こされ、この悪い知らせを聞いた。地獄のような大混乱は、すべて李承晩という七十八歳の無分別な老人の命令が原因だった。板門店ではこの日に、休戦協定の細目すべてが合意に達し、あとはちょっとした文言訂正と調印日時を決めるだけだったのに、捕虜脱走と聞いて中朝側は作業を中断。同日午後、ハリソン将軍は南日将軍にこの脱走事件を通知した。予想通り、南日は『国連軍は韓国政府と韓国軍をきっちりと管理監督できるのか？』と意地の悪い質問をした」

かくして休戦会議は脱走事件のため七月九日まで休会となったが、その間、参謀将校と連絡将校のミーティングは続けられ、七月十日金曜日に一五一回目となる本会議再開となった。余談ながら事件から二日後、クラークは連絡将校経由で金日成からのメッセージを受け取った。それは「二万五〇〇〇人の北朝鮮兵脱走という話は李承晩が得意とする妄言であり、北朝鮮軍には本国送還を拒否して脱走するような裏切り者は居ない」としていた。

苦労を重ねてここまで来た休戦交渉を白紙に戻す恐れが十分にあった脱走事件発生の日、クラークは李承晩へ手紙を出し、その中で次のように述べている。

「李承晩大統領、あなたは休戦交渉を破綻させる前に、私とじゅうぶん話し合い、その上で、やるかやらないか決めると約束しました。また、あなたは私との完全かつ率直な話し合いが終わるまで、国連軍からの韓国軍離脱は実行に移さないと約束しました。しかし、あなたは今日、その約束を一方的に破り、私は深い衝撃を受け、私は大変失望しました。（以下省略）」

この書簡は事件発生後、アメリカ当局者による李承晩への最初にして最大の強烈な公式の抗議だった。

そして李承晩からはクラークに宛てて次の手紙が入れ違いに届けられている。

「親愛なる将軍。同封したものは、本国送還を拒否する北朝鮮兵捕虜の解放について、今朝報道された私の声明です。ご一読ください。

私は本国に帰りたがらない北朝鮮兵捕虜の扱いについてのあなたの見解を知っています。私はこの問題についてあなたに何度も話した通り、私はこれら無実の兵卒が長いこと収容所に拘留されるべきではなかったと思っています。そして私はあなたが複雑に入り組んだ捕虜解放という問題について何もできなかったことも知っています。このような状況で、私が事前に捕虜解放を実行に移すとあなたに話したならば、あなたは当惑し、とどのつまり、捕虜解放計画は台無しになったでしょう。だから何も明かさないことにしたのです。

私を悩ませ、怒りで震えが止まらないものは共産主義者が行う洗脳教育と親族連座という暴虐です。国連軍の収容所から非武装地帯に新設する待機所まで本国送還拒否の北朝鮮兵を護送することになった大量のインド兵は、必ず共産主義者によるこれら本国送還を拒否した北の兵隊に対しての恫喝を助けるでしょう。北朝鮮の指導層は非武装地帯の待機所に押し込まれた兵卒を翻意させて北朝鮮に連れ帰った後、数カ月再教育を施し、その上で強制労働キャンプ送りにするのです。（以下省略）」

この後の記述は相変わらず身勝手で取りとめ無いものだったから、埒が明かないと見たクラークは李承晩と直接会って対処するため、即刻、景武台に向かった。なおこの時の李承晩訪問はワシントン要請が大きく効いている。

以下はクラークが国防総省《ペンタゴン》に報告した李承晩対談録（要約版）である。

「私は李承晩と余人を交えず、一時間十分、あけすけで単刀直入な会話を終えて戻りました。李承晩は最初非常に緊張し、かしこまっていましたが、急に笑顔になり、アイゼンハワー大統領に対し李承晩が一緒に働きたいと述べたことを伝えて欲しいと要求する一幕もありましたが、それもつかの間のことで、すぐにいつもの李承晩に戻りました。

ともあれ会談冒頭、私はこれからじっくりと話し合うにあたり、動かしがたい二つの事実を李承晩が受け入れねばならない、と告げることから始めました。

第一の事実は、休戦協定の締結が国連軍の揺らぐことのない確固たる決意であること。第二に、休戦協定には中国共産軍の半島撤収が明記されていないこと。特に第二は、政治会議がこの問題を解決するために開催されると李承晩に了解させた上で次に進みました。

私が取り上げた問題はアメリカ軍と韓国軍が武力衝突する懸念です。北朝鮮への送還を拒否した捕虜が今も拘留されている巨済島《コジェド》と済州島《チェジュド》ほかの収容所周辺でこういう事件が起こるかも知れない。そうなれば目も当てられないと話しました。李承晩は同じ懸念を表明し、そのような事件を回避するため、すべての力を行使すると約束しました。

次に私は休戦条約締結後に米韓両国が相互に協力しなければならない課題について言及しました。その結果が以下三項目です。

①米韓相互防衛条約に李承晩は強い関心を示し、『条約は細かいことを規定した長文である必要はなく、アメリカが韓国援助を実行する場合の規定が記されたものであれば満足だ』と述べた。私は『韓国が、この条約を盾にして、例えば日本に攻め込もうと計画するならば、アメリカ政府はこの条約の締結を取りやめるだろう』とはっきり釘を刺した。すると李承晩は『アメリカが米韓相互防衛条約に日本を引き合いに出して、注文をつけるとは思わなかった』と応じた。李承晩の本心が現れたこの言葉が示す通り、日本憎悪は死ぬまで健在だろう。

②私は李承晩に韓国軍が無力だという私の軍事分析を説明し、現時点で韓国軍は、単独で、防御任務または攻撃任務を果たせる力はまったくないと告げ、その上で、私は李承晩に他国を侵略しない限り、韓国軍の増強については十分安心すべきだと言った。これに対し李承晩は、増強は韓国陸海空軍が対象になることを確信していると述べた。

③李承晩が最も強く危険視したものは、中立国捕虜送還委員会（ＮＮＲＣ）のメンバーになっている共産主義国および李承晩の脳裏に共産主義シンパと刷り込まれてしまったインドだった。特

に本国送還拒否の捕虜を警護するインド軍は李承晩の猜疑心を大いに刺激した。そこで私は李承晩に、《無条件本国送還》か《任意送還》かという問題を決着させるために政治会議があると念を押した。

李承晩は③を注意深く聞いていましたが、これに関し何も発言はしていません。

さて、次に私は、『休戦協定そのものをあなたは壊してしまおうとしているのか』と李承晩に迫りました。すると李承晩は、『私は朝鮮分割を良しとする休戦協定に署名することはできない。だが、休戦協定の成功を支持することはできる』と述べました。アメリカの邪魔はしない。おとなしくしていると言う意味のこの一言は、本日の会話の中で李承晩の口から出た最も重要な発言だと思います。

以上」

ダレス長官は執務室の中で歩き回りながら、クラークの李承晩対談録を数回読み返している。

――「協定の成功は支持することはできる」と来たか。

しかし身のほど知らずにもほどがある、とダレスは思う。アメリカ糾弾に次いで捕虜解放を実行し、休戦交渉を白紙に戻してアメリカ軍を満州に駆り立て、己には累が及ばない特等席で流血を見て楽しむという李承晩にダレスは怒り心頭だった。もちろんアイゼンハワーも寝入りっぱなに叩き起こされるという不愉快なショックに不平を漏らしたが、ダレスの場合、ぼやく程度では済まなかった。西側陣営からもやり過ぎじゃないかと首を傾げられるほど国連を使って大韓民国を形づくり、トップに李承晩という年寄りを据えたのはダレスだったから、誰のおかげでそこまで行きつけたと思ってるんだ、偉そうに、という気持ちが強い。それに捕虜脱走事件が起こったのと同じタイミングに白斗鎮《ペク・ドゥジン》と梁裕燦という韓国人を招いて会話した。

――いったいあれは何だったのか？

早速、梁大使を呼び出したが、とぼけて埒が明かない。無分別大統領を闇から闇に葬ろうかとまで考えたダレスだが、すぐにそれは手遅れだと悟った。なぜなら李承晩は、トルーマンが冷戦構造に世界を変えた時の落とし子である。必要悪のような李承晩がいなくなれば韓国も消滅し、共産圏に呑み込まれ、世界はもっと不安定になり、またしてもスターリン時代の暗黒の日々に逆戻りだ。

あのクソ爺のおかげで、休戦協定は吹っ飛ぶかも知れない。

――となれば戦争継続だ。

ダレスは本気で鴨緑江・豆満江の線に沿って原爆投下を考え、アイゼンハワーから、「そいつは駄目だ、あんたは戦争を知らない」と釘を刺されてしまった。忌々しいが片務的な米韓相互防衛条約を成立させる代わりに、李承晩の瀬戸際外交を禁じ、中朝共産軍との休戦協定調印へこぎつける他は無い。

大国エゴを振り回して来たダレスが、ひからびた枯葉のような老人にしてやられた瞬間だった。

註

＊１　国際赤十字理事長会議の十五対二という採択での反対二票はソ連と中国だった。

＊２　ジュネーブ協定一〇九条の詳細は防衛相ホームページにある。

→ https://www.mod.go.jp/j/presiding/treaty/geneva/geneva3.html

＊３　スターリンが死去するとマレンコフ政権が発足し、モロトフが外相として復権した。この時、最初に取り上げ

られた国際問題が朝鮮戦争の幕引きで、三月十九日に、モロトフは次の書簡を北京と平壌に送った。

「ソ連政府は、これまでの期間のすべての事象を考慮しつつ、朝鮮戦争を全面的に見直した。その結果、ソ連政府は最近まで続けられて来た方針を今後も継続することは正しくないと結論を出した。それは戦争継続がソビエト社会主義共和国連邦、中華人民共和国、朝鮮民主主義人民共和国諸国民の利益に適合していないからである。朝鮮戦争の過程で侵略者が何をしたかについては、ことさら言う必要は無いだろう。全世界の善良な人々の目から見れば、米英ブロック、特にアメリカの朝鮮における侵略的行動が暴露されつつあるからだ。つまりアメリカは、その侵略的、帝国主義的意思を諸国民に押し付けるべく新しい戦争を準備し、戦争拡大策を続けている。その策は諸国民を自己の帝国主義的目的のために従属させ、世界支配の野望を遂げることに他ならない。ソ連政府は国際秩序の重要な要素として、アメリカをこの様に考えて来たし、今後も同様に考えて行く。

朝鮮戦争に於ける問題に関して述べると、ソ連政府はこれまで続けられて来た方針を機械的に継続することも、主導的な役割を発揮することもしない。しかし、中朝人民の根本的利益と、世界の他の平和愛好国民の利益を考えるなら、我々は敵側の主たる意図をも利用して、朝鮮での戦争を終わらせる必要がある。以上のことに関連し、また朝鮮戦争と関係した最近の具体的事実を考慮しつつ、ソ連政府は次の五項目の政策を緊急に実施する必要があると考えるに至った。

①金日成同志と彭徳懐同志とは、クラーク将軍が一九五三年二月二十二日に発信した《傷病兵捕虜の交換》という書簡に対し、前向きに応える必要がある。

②金日成同志と彭徳懐同志の回答が公表された後、北京では周恩来同志が声明を出し、傷病兵捕虜の交換に肯定的態度を示し、すべての捕虜問題を解決すべく、朝鮮での戦闘停止と休戦協定の締結を保証すると声明すべきである。

③北京での周恩来同志の声明を受け、平壌でも金日成同志がこの声明を完全に支持し、かつ、正当であると表明

すべきである。
④北京と平壌でこの表明がなされた後、ソ連外相モロトフによる北京と平壌の声明への完全な支持表明は目的にかなっている。
⑤以上四つの施策に軸足を置き、ニューヨークの国連総会でヴィシンスキー同志が率いるソ連代表団は、これらへのしかるべき強烈な支持と、前述の新方針を推進するための必要な措置を取る」
モスクワの方針を金日成に伝えた二名のソ連特使ワシリー・クズネツォフとニコライ・フェドレンコは金日成の反応について次のように報告している。

「三月二十九日朝、モロトフ書簡と我々の説明を聞いて、金日成は大興奮した。彼は、『良いニュースを聞いてたいへん嬉しい。この書簡をさらに研究した後、再度会う機会を与えてもらいたい』と言った。同日、二回目の会談で金日成は、『ソ連の朝鮮問題に関する提案に完全に同意するし、この提案が速やかに実施されるべきであると思う』と言った。さらに金日成は『朝鮮戦争の終結と和平達成の主導権を取るべき時が来た。これ以上戦争を長引かせることは、中華人民共和国と朝鮮民主主義人民共和国の利益にも、全民主主義陣営の利益にもならない』と強調した。また金日成は『我が方は前線でも後方でも大きな損失が生じており、本国送還する捕虜の数についてこれ以上アメリカと議論することは何の利益も生まない』と言った」
＊4　板門店会議の韓国軍代表は李承晩の意向で白善燁少将、李亨根少将、劉載興少将、李翰林准将に変更されて来たが一九五三年四月、最も李承晩に近いと言われている崔徳新少将に変わった。
＊5　アイゼンハワーの「平和への好機（The chance of peace）」という演説のスピーチコンセプトは軍縮である。なお全文（英文）は次のホームページにある。↓　https://en.wikisource.org/wiki/The_Chance_for_Peace
＊6　六月十七日にブリッグス大使が受け取った李承晩返書は「朝鮮がつらい目に遭ったのは、すべてアメリカのせいだ」というみっともない責任転嫁だが、この手の論旨展開は、韓国では今も盛んである。ちなみに朝鮮戦争勃発

前の一九四七年三月、アメリカ陸軍長官パターソンは、李承晩が「日本を放置し、勝手にさせておいたアメリカには朝鮮を全力で復興させる責任がある」と言ったのを漏れ聞いて、「自分の責任はそっちのけになっている頭がおかしい老人」と評価した。なお、ブリッグスが受け取ったこの返書はアイゼンハワーと国務省の知るところとはなったが、クラークの李承晩説得でマスコミへの公表はされずに終わった。

＊7　朝鮮にとってアメリカの腹立たしい措置が桂・タフト協定よりもさらに前に起きていたなら、いくら古い話だろうと、アメリカ人はそこからスタートされるだろう。余談ながら、商談で韓国に行った日本のビジネスマンがいきなり豊臣秀吉の朝鮮出兵を難詰され、その勢いで値引き交渉が始まり、辟易する話はよく聞く。

3　休戦協定成立

（1）ねじ伏せられた北進

「休戦協定成立の成功を支持することはできる」

この李承晩の一言で、韓国救済の歯車が再び動き出し、六月二十二日、ロバートソン国務次官補（極東担当）ほか三名[*1]がワシントン・ナショナル空港から東京経由でソウルに向かった。一行は三年前に北朝鮮軍が韓国へ侵攻した日にあたる六月二十五日にソウルへ到着し、外交部長卞栄泰《ピョン・ヨンテ》ほかの出迎えを受けた。

タラップを降りたロバートソンはなごやかな笑みを浮かべて挨拶を交わしたが、心中抱いたソウルでの第一印象は腹立たしい違和感だった。そのわけは金浦《キンポ》飛行場周辺で気勢をあげる休戦反対デモの大群がいたことで、しかも卞栄泰にはそれを詫びる気配すらなく、むしろ喜んでいる様な素振りを見せたからだ。ひと通りの挨拶を終えると、ロバートソンは車で飛行場から第八軍基地にある宿舎に向かったが、そのとき同乗したヤング部長に、「休戦を支持するという李承晩の約束はカラ約束かも知れない」とささやいた。ちょうど車の窓からは気がふれたように泣き叫ぶ女学生の群れが見え、ロバートソンは驚き、「この世のものとは思えない」とつぶやいている。

ロバートソンはこのとき六十歳。柔和なジェントルマンで、見た目はクラークよりもはるかに聖職者然としていたが、中身は並外れたシ

ロバートソン国務次官補

ャープな外交官であり、韓国人の場当たり的な嘘と歪曲、論点外し、大声での威嚇といった交渉術を充分研究し、何よりも話があちこちに飛ぶ李承晩の性癖をいやと言うほど聞かされてきたから、泣き落とし、あるいは虚偽ペテンに対する免疫力は万全だった。

翌二十六日金曜日、ロバートソンは初めて李承晩と会い、ソウルを去る七月十二日までほぼ毎日、李承晩と話し合ったが、最初に行ったのはダレスに託された李承晩あてのレターを手渡すことだった。以下はその全文である。

「親愛なる李承晩大統領へ／私は韓国の友人としてこの手紙を書きました。ご存知のように、私は長らく韓国のために働いて来ました。一九四七年と一九四八年、私は国連で韓国という主権国家設立につながる仕事に携わり、かくして韓国は一九四八年八月十五日に独立国として承認されたのです。そして私は、一九五〇年六月十九日、韓国議会で演説し、発展努力を続ける韓国への激励とアメリカの韓国に対する継続的な支援を約束し、結論として『韓国は一人ではありません。人類の歩みにおいて、神が韓国人である皆さんに与えた役割を果たし続ける限り、皆さんは決して孤立することはないでしょう』と米韓団結の誓いを述べたのです。

しかしその誓いはすぐ試練にあい、演説から六日後、北朝鮮の侵略者が韓国を襲い、韓国軍は北朝鮮軍に圧倒され、韓国の領土は蹂躙されました。その後、李承晩大統領は自由主義世界に助けを乞い、その嘆願により国連が行動し、その行動に応ずる形でアメリカは迅速かつ大規模に参戦しました。私たちがその様に対応したのは、自由主義世界の助け合いの精神を守ろうとしたからです。

助け合いは犠牲なしでは済みません。百万人以上のアメリカ軍兵士が、遠く離れた朝鮮へ行くため、家族との平和な生活を放棄しました。兵士らが朝鮮に向かったのは自由主義世界における団結の原則を呼び覚まされ、侵略という言語道断の災難から李承晩大統領の国を救おうとしたからです。

朝鮮に行ったアメリカ軍兵士百万の内、二万四〇〇〇人が戦死を遂げ、十一万人が負傷しました。その犠牲は、助けを乞うあなたの求めに応じ、私たちが自由主義世界における団結の原則を守るために支払った対価の一部でした。私たちは朝鮮全体を武力で統一するためにこの地へ来たのでもなければ、共産主義に染まった北朝鮮人を武力で解放するためにこの地へ来たのでもありません。あなたはこれを充分すぎるほどよく知っています。

自由主義世界の団結は邪悪な勢力による武力侵略を阻止するために存在する。これが団結の原則であり、国連軍の一員となったアメリカ兵はこのことを実証するために朝鮮に来ました。団結の原則は実証され、北朝鮮はその領土が侵略前よりも幾分狭くなる休戦協定に甘んじ、いっぽう韓国は戦争の惨禍を克服し、国力を回復するでしょう。また、あなたが心配している国連軍の捕虜になった北朝鮮兵の強制的本国送還は起こりません。

休戦協定締結後に実施される政治会議では、韓国政府とアメリカ政府が肩を並べて朝鮮統一に関する主張を建議することになります。そして、政治会議の進み具合とは別に、韓国はアメリカから米韓相互防衛条約を提案され、また経済援助プランが同様に提案されるでしょう。

だが、あなたは今、明らかに自由主義世界の団結の原則を拒否しようと考えています。朝鮮戦争の実態を見れば、それはあなたが望んでいた一部を実現しただけで、全部は実現できていない。かくしてあなたは団結の原則を放棄し、実に勝手な振舞いに出ようとしているのです。一体全体あなたにそんな行動を取る権利がありますか？

アメリカに米韓団結の原則を声高に叫び、流血と死の代償を払うよう懇願したのはあなたです。そしてアメリカはその懇願を受け入れ、苦痛の対価を払った。あなたはそれを承知していながら、今になって米韓団結の原則を拒否するのでしょうか？

あなたはすでに国連軍の指揮権を無視して北朝鮮兵捕虜の解放という一方的な行動をとることにより、韓国軍を国連軍から離脱させようとした。国連軍のもとを離れた韓国軍にあなたが命ずるのは北進でしょう。あなたがそれを決心し、北進という別の道に進むなら、恐ろしい結果が待っている。国連軍は北進にいっさい手を貸さないからです。あなたはそれをよくご存知だ。韓国軍単独で北進に踏み出せば、共産主義者たちは想像すらしなかった勝利を手にして欣喜雀躍するでしょう。また、共産主義者たちはこれから戦後の政情不安という大難に直面することになりますが、そういう時、李承晩という一人の人間が与えてくれた勝利の記憶は共産主義者たちを励まし高揚させ、北朝鮮の分裂哀亡という危機を回避させる大きな糧となるのです。

あなたの国は韓国軍の大きな勇気と犠牲のみで今日があるのではない。国連軍として参戦[*2]した十六カ国の外国軍兵士が韓国軍に寄り添い、そして死んでいったことによって今日と言う日があるのです。あなたの嘆願によって国連軍兵士が命という大きな代償を払い、それによって韓国人は救済されたというのに、あなたは今、それを無かったことにしようとしている。あなたはそうする権利がご自分にあるとでも言うつもりですか？

私はウォルター・ロバートソン次官補に対し、ソウルに飛んで、フェイス・ツー・フェイスで我々アメリカ側の考えをあなたに伝えるよう委任しました。なぜなら今、時間はあまりにも貴重であり、単なる電文のやりとりでは時間を浪費するだけで、互いの理解が欠如したままになるという危険があるからです。いうまでも無いことですが、アイゼンハワー大統領と私はロバートソン次官補を完全に信頼しています。

草々／ジョン・フォスター・ダレス」

第一日目の会談が終わり、ロバートソンは早速次の通り寸評をダレスに電信している。

「李承晩は商売人としてなかなか抜け目の無いところを見せる老人です。しかし非常に感情的で、非合理的で、非論理的で、何やら新興宗教の教祖のようです。ともかく呆れるほど韓国的な老人だから、これなら韓国人の群れを扇動して北進統一という集団自殺に導くことができるかも知れません。それから李承晩に比べてカリスマ性に劣る卞栄泰《ピョン・ヨンテ》は無責任な対日強硬論者で、国を危うくする男です。ともあれ同行したコリンズ将軍は、韓国軍はアメリカが梃入れすれば、反共勢力としてアジア最大かつ最強の存在に育つ可能性はあると言っており、我々としては奇貨居くべしの気持ちで韓国軍を見るべきでしょう」

韓国軍を奇貨と断じたロバートソンだったが、景武台《キョンムデ》での会談が三日四日と経つ内に李承晩が次のように話を切り出したから、すかさず本国に警戒警報を発している。

「李承晩は早くも本性をあらわにしました。いわく『アメリカが共産主義者の侵略から自由主義世界を守ることに責任を持って深く関わりを持つ時、韓国は、アメリカの求めに従って、自由主義世界の防衛に全力を尽くす。このためにもアメリカは韓国軍を拡大強化しなければならない』、そう述べた後、李承晩は唐突に論点を飛躍させ、『休戦成立の後に開催される政治会議で、三カ月以内に朝鮮統一問題が解決されないなら、アメリカは我々と共に朝鮮統一のための軍事行動に出ねばならない。これを約束するならば、私たちは休戦交渉を妨害しない。だが、この約束ができない場合、私は休戦絶対反対を叫ぶ国民を説得できないので、休戦交渉は白紙に戻ってしまうかも知れない。すべてはアイゼンハワー大統領の胸三寸にかかっている』と言って責任をアイゼンハワー大統領に押し付けたあと、再び北進統一論を蒸し返し、休戦に反対だと金切り声を上げました」

契約締結後、納品直前になって値引きを要求するに等しい李承晩にロバートソンはがっかりしたが、ストックホルム症候群患者のようなクラークと違い、次のようにロバートソンはカウンターパンチを返して終わりにした。

「あなたは、朝鮮統一という軍事行動へアメリカ軍を投入する約束をしろとのご要求だが、アイゼンハワー大統領にそういう約束をする権限はありません。現在アメリカ軍は、国連決議の下、侵略者と戦う国連軍の一員としてあなたの国にいます。もしもアメリカ軍が国連とは無関係に、単独北進統一という軍事行動に出る場合、アメリカ合衆国としての宣戦布告が必要です。ご存知のように、アメリカ憲法の下では、議会だけが宣戦布告する権限を持っています。アメリカは独裁国家とは違うのです」

ロバートソンがソウルを離れて帰国する前日、すなわち七月十一日のことだ。この日、李承晩はアイゼンハワーへの親書とダレスへの返書という、厚かましくも珍なる二つのレターをロバートソンという切れ者外交官に託した。

「親愛なるアイゼンハワー大統領閣下

ロバートソン次官補がソウルから帰途に着こうとしているこの時、私たちが話し合ったすべての討議で、次官補が見せた理解と思いやりに対し、私がいかに満足しているかをあなたに知らせたいと思います。

アメリカと我が国の意見が、ある事柄をめぐって異なっていたにも関わらず、次官補が示した対立を和らげるための配慮は申し分ないものでした。そして意見の食い違った点について、次官補がこれを解決するために、直接あなたと相談してくれると知って私は非常にうれしく思うと同時に、あなたが考え出す解決策が米韓両国にとって喜ばしいものになることを熱烈に願っています。これまでの議論で表明された互助精神の下で両国が交渉する限り、両国の友好と利益が損なわれることは無いだろうし、極東の平和と安全のために解決できない問題が生じることも決して無いだろうと私は確信しています。

アメリカの太平洋地域政策で我が国は戦略的な軍事中枢であり、また、我が国はアメリカの誠実な同盟国である。したがって我が国にはそれに相応しい地位が考慮されるべきであり、私はそれを熱烈に希望します。アメリカと我が国の持ちつ持たれつの関係と、そこから生ずる互いの価値を強くアピールすれば、アイゼンハワー政権は選挙民であるアジア系アメリカ人の好意的な理解を勝ち取り、支持率を大いに高めることができるでしょう。さらに大韓民国として朝鮮全土が新たに統一された時、すべての朝鮮人は自由主義と民主主義に対し何の抵抗も無く、ごく自然に受け入れることが出来るので、このことからも我が国はアメリカのパートナーとして大きな力を発揮できるものと思っています。

いっぽう私は非常に残念に思っていますが、今までのアメリカの政策は日本を著しく重視したものとなっています。私たちが日本から被った悲劇的な犠牲と苦痛にもかかわらず、アメリカの肝いりで始まった日本の再軍備は、すべてのアジアの民に、日本の帝国主義復活という強い警戒の気持ちを引き起こし、その結果、アメリカに悪影響を与えるでしょう。何世紀にもわたって私たちの伝統は平和の一字であり、そして、私たちは一度も侵略戦争をしたり、自分たちの境界の外にある国と戦ったことはありません。この事実は、アジアの人々から大きな信頼を勝ち得る源泉となっています。しかしながら朝鮮半島という戦略的な場所は、私たちが明らかに、そして疑いなく強くない限り、ロシア、日本、または中国の膨張政策を刺激し、侵略が繰り返されます。この原則は繰り返し起こった歴史的な事実から明らかです。そしてその事実から、アジアの真の安全保障は朝鮮統一を果たした大韓民国あってのものだという結論に行き着きます。

大統領閣下、私はこの結論について、あなたの思慮深い決断を願っています。

とは申せ、ロバートソン次官補があなたに相談し、その上であなたが出した決断については、あなたに敬意を表し、私は異を唱えることはしません。私は、我が国の国民がアメリカに対して抱く友情と、自由主義世界でのアメリカの指導力に鑑み、今回、ロバートソン次官補がまとめ上げた米韓相互防衛条約の草案を受け入れようと思います。しかしそれを受け入れた結果、共産主義者はアメリカの中に弱点を見つけて強硬姿勢に出るかも知れないし、あるいはアメリカが弱体化したと思い込んで強硬姿勢に出るかも知れません。そうなれば、世界はたちまち大戦争の瀬戸際に追いやられると申し上げておきます。

私はあなたと共にあります。

友情と尊敬の念をこめて、敬具　李承晩」

さて、北進統一に未練たらたらな書簡とは別のダレス宛てレターはタイプ用紙五枚に渡る異常に長いもので、そこには泣き言と屁理屈はたっぷりと詰め込まれていたけれども、謝罪の言葉は一切ないと言う驚愕すべきものだった。以下はダレスに宛てた李承晩レターの抜粋縮小版である。

「親愛なる国務長官閣下

大韓民国の国民は、私を強烈な意志でものごとに対処する不動の男と呼んでいます。そしてこの数週間、私は目の前に現れた難問への意思決定にあたり、非常に動揺しましたが、それに気づいた人間はいません。

六月二十二日のあなたの手紙に私がすぐに答えなかった理由をあなたは理解しなければなりません。私たちの同志愛は、失われるにはあまりにも貴重です。

あなたは我が国で何が起こったのかを知っています。だから今、私はあなたにそれを詳しく述べる必要はないと思っています。あなたと私は友達です。あなたと我が国の民は友達です。あなたと私はすべてを一緒に耐え、最も深い団結によって得られる同志愛を一緒に学びました。

あなたと私がしてはいけないことは、お互いに議論を始めることです。議論はとげを生み、時には傷つくこともあります。私を信じてください。

ソウルの荒涼とした廃墟を見渡し、数百万の難民と数十万の死者という我が国が支払った恐ろしい犠牲にあなたが気づいていない筈はありません。……

アメリカは休戦に舵を切ったことを後悔するだろうという私の絶対的な確信にもかかわらず、私はアメリカが決断した政策を認め、ロバートソン次官補との会談ではほとんどすべてのアメリカの要求を私は認めました。これで休戦は無にならず署名に至るでしょう。休戦は後悔しか運んで来ないという私の予言が外れることを祈り、真の平和が訪れることを祈ります。

そしてアメリカによる我が国への支援を願っています。

敬具」

思わせぶりな嫌味が散見される李承晩レターを前にして、アイゼンハワーとダレスは不愉快だったけれども、奇貨居くべしというロバートソンの提言を容れ、このやり手外交官が書いた米韓相互防衛条約の草案を承認した。

（２）消え去った政治会議

ロバートソンが仕事を終えてソウルを発った七月十二日、江原道《カンウォンド》・華川郡《ファチョングン》の金城《クムソン》方面で中国共産軍が動き、翌十三日から十九日まで、共産軍は戦後の政治的立場を有利に運ぶため、朝鮮戦争を通じ、最も熾烈な地上戦に出た。この短期間での損害は両軍合わせて十万人とあるが、例によって正確な数値とは言いがたい。いずれにせよ、この戦闘で国連軍は金城突出部を失った。

板門店でハリソンが南日に対し、「国連軍は李承晩をおとなしくさせる目処が付いた」と保証し、その上で「協定調印日を七月二十七日としたい」旨申し入れると、二日後（十九日）に南日は了解し、それと歩調を合わせ、金城の砲声は静かになった。

クラークはこれ以降の経緯を次の様に回想している。

「調印式は七月二十七日月曜日と決まったが、すぐに別の問題が現れた。当初、調印は板門店の会議場でテーブルを挟んで国連軍司令官である私と朝鮮人民軍最高司令官・金日成そして中国人民志願軍司令員・彭徳懐が向き合って座り、十八部の休戦協定書と付属協定書に署名する筈だった。しかし中朝側は『署名はめいめいの司令部で別々に署名し、その後、板門店に回送され、休戦交渉首席代表が署名するやり方にしたい』と言ってきた。私は三人の司令官が一つ屋根の下で署名する当初案を強く押したところ、中朝側はさらに別の案をだした。すなわち、休戦協定書と付属協定書は最初に板門店でハリソン将軍と南日将軍が署名し、それが済んだ後、金日成、彭徳懐、そして私は、それぞれ好みの場所で署名。全員の署名が終わったら連絡将校が付属協定書を含む各々六部の休戦協定書を三人の総司令官に届けて終わるという案だった。結局この持ち回り案に落ち着き、私は汶山基地で署名することになったのだ。

身内だけしかいない汶山での署名となったので、私は李承晩を汶山に呼んで署名に立ち会わせようと思い立ち、すぐにソウルへ飛んだ。しかし李承晩の反応は鈍く、はっきりしなかったが、私が汶山に向かう直前になって、五月二十五日から休戦会議をボイコットしている崔徳新少将を自分の代わりに立ち会わせると言って来た」

板門店では調印式のために新しく木造平屋建ての会場を作ることになり、中朝側はその建設を申し出、その代わり、夜間作業のための照明を供給するよう国連側に依頼した。かくして仮設講堂のような調印式場が完成したけれども、この時、ちょっとした騒動があった。それはピカソの鳩である。中朝側は横長一八〇センチの板に二羽の鳩の絵を白ペンキで描いて扁額の様に調印会場の出入口の上に置いた。この鳩はピカソの模写で、共産主義陣営では大いにありがたがられていたが、これを知ったクラークはわざと傍受されるように肉声電話をハリソン将軍にかけ、そんな絵がある建物には行くなと言った。これが傍受された証拠に、鳩の絵は出入口の上から消えている。

本会議だけで一五九回、分科会などを合わせれば五三八回。二年と十七日に渡る交渉の末にたどり着いた調印日は曇り時々晴れ、風力7強風。板門店周辺では砂ぼこりが舞っている。そして戦闘は停止されていないと主張するように風が遠い砲声を運んできた。

この日、軍楽隊が祝典曲を奏するわけでもなく、単に各国のMPが整列する中を、ハリソン将軍と南日将軍は東西別々の出入口から式場に入り、互いに北を背にして横並びで長机に着席した。儒教の教えでは、敗者は南を背にして北を向き、勝者を仰ぎ見ると定めていたから、このように両者とも北を背にするという配置にしたのだ。テーブルクロスも何もない裸の机の横では計十八部の休戦協定書を捧げ持った連絡将校が数名、直立不動の姿勢で控えている。ちなみに協定書十八部は英語版六部、朝鮮語版六部、中国語版六部で、協定書一つの大きさは十号サイズの絵画用キャンバスと言った所だろう。

午前十時、ハリソン将軍と南日将軍は無言で十八部の協定書に署名し、午前十時十二分に署名を終えた。二人の署名者は、敬礼はおろか、目礼を交わすでもなく、まったく無表情にやることを終え、次の瞬間、互いに背を向けて会場から外に出た。この光景の目撃者は三百名ほどで、この中には五十七人の従軍記者および二十人のカメラマン、そして五人のラジオ・テレビ関係者がいた。

持ち回りの協定書が運び込まれる汶山基地でクラークが著名する場所はミュージカル等が演じられる劇場のオーケストラ・ボックスだった。そこには長いテーブルが置かれ、クラークの両側にはウェイランド空軍大将、ブリスコー海軍大将、クラーク海軍大将、アンダーソン空軍大将が立会人として着席した。この時クラークは金日成、彭徳懐の署名が済んだ十八部の協定書にパーカー社寄贈の万年筆で署名した。なお李承晩の代理で署名の場に居た崔徳新少将は署名が始まるや否や荒々しく席を蹴って、これ見よがしに退席した。

署名を終えたクラークは「私は勝利なき休戦に署名した史上初のアメリカ軍司令官というしゃくにさわる栄誉を得た。私は何かを成し遂げた時に湧き起こる筈の喜びや誇らしさという感情を自分の心の中に見いだすことができない」と述べている。

休戦日のこの日、李承晩はアイゼンハワーに親書を送った。

「親愛なるアイゼンハワー大統領へ

私は多くの喜びを大韓民国にもたらしたあなたへの感謝の気持ちでいっぱいです。

威嚇され絶望的な日々を送る大韓民国はとても良い友人を見つけました。あなたのすべてを包み込む寛大な措置、すなわち十億ドルの内、二億ドルの復興支援金即時拠出について私たちは心の底から感謝申し上げます。これら最も困難な日々における私の立場に対し、あなたの配慮は心温まるものであり、私はあなたに感謝し、祝福したい。大政治家と呼ぶにふさわしいあなたこそが、米韓二国間関係に新時代をもたらしたのです。

相互信頼と相互協力に基づく共存共栄。これこそは至上のものであり、それ以上申し上げるべきことは何もありません。かつての植民地時代という唾棄すべきものの復活をこれ以上恐れる必要が無いとなった今から、新しい日が始まるのです。

私は希望を抱いて近々ダレス長官と面談する日を心待ちにしています。

私たちは多くの試練を乗り越え、そして多くの達成されるべき成果を得、輝かしい未来を確かなものとし、その上で最後の審判の日を迎えるのです。

新しい感謝と心のこもった友情の誓いをもって、李承晩」

これに対しアイゼンハワーは返書を出したが、これはスピーチライターのポール・ジョンソンが原稿を書き、ダレス国務長官が手を入れ、本人はノーチェックだった。

「親愛なる李承晩大統領へ
　心のこもった親書を頂戴し、かたじけなく思っております。ありがとう。

　また、次のような発言をお許し下さい。

　私は、李承晩大統領が休戦協定の署名に同意し、妨害しなかったことについて深甚なる感謝をしつつ、最後の審判の日を迎える所存です。

　ところで今週中にダレス国務長官は、将来の相互協力を促進する何らかのことをなそうと願ってあなたの国に向かいます。あなたもご承知の通り、長官は私の信頼を裏切ったことがない完璧人間であり、同時に、私の気持ちを的確に理解できる人間でありますから、私とあなたが望んでいる大韓民国政府およびその国民に対し即効力のある支援の方向付けとその要点を述べるには最適の人物です。

　　　　　　　　継続的な友情と尊敬をもって、ドワイト・D・アイゼンハワー」


　白々しい往復書簡だ。

　ともあれアイゼンハワーの名前で李承晩へ手紙を送ったダレスは休戦協定への署名が終わってから六日後の八月二日、ソウルに向けてワシントンを飛び立った。同行者はロッジ国連大使、ロバートソン次官補、マッカードル補佐官、ディーン補佐官、オコナー補佐官、ヤング北東アジア局長、スティーブンス陸軍長官で、八月四日、ソウルに着いたダレス一行は翌五日午前十時三十分から景武台《キョンムデ》に於いて会議[*3]に入った。

　最初の議題は休戦協定60項の「協定が発効してから三カ月以内に開催」と明記されている政治会議の開

催日についてで、これは十月十五日火曜日となった。もちろん共産側とはこれから調整しなければならない。次は開催場所で、李承晩はホノルルを提起し、ニューデリーだけは絶対だめだと言った。ロッジ国連大使はリオデジャネイロ。他にセイロン、バンコク、バンドン、あるいはデンマークの病院船ユトランディアが提起されたが、最終的にサンフランシスコないし南米の任意の場所となった。しかしこれも共産側が首を縦に振るかどうか分からない。

「次に……」とダレスは言った。

「政治会議での議題は韓国と北朝鮮の問題に限定されるとは限らない。フランス人はベトナムに対するインド、中国、ソ連の介入を問題にするだろう」

ここから政治会議への参加国がテーマになり、李承晩は「ソ連が衛星国を支配するのと同じように、アメリカは国連を支配し、政治会議からフランスやインドを締め出せ」と言った。するとダレスは「アメリカは民主主義国だから、ソ連の様なことはできません」と応じた。李承晩は不機嫌になり、「政治会議ではいろいろな国に好きなことを言わせないよう、ヤルタやポツダムのような円卓を使わず、長テーブルを用意して中央の一方にアメリカと大韓民国が座り、向かい側に中国と北朝鮮が座る対面形式にしよう」と言った。するとロッジ大使は国連加盟国でない南北朝鮮代表は議題が朝鮮統一問題であっても傍聴席に座るだろうから円卓であろうと長テーブルであろうと大差はないと言った。すると顔に似合わず過激なことを言う卞栄泰《ピョン・ヨンテ》がロッジに向かって暴言を吐き、韓国側が感情に流れて行きそうになった時、ダレスが割って入り「政治会議は少なくとも三カ月は続く。共産側が何と言うか分からないが、長テーブル案を出してみよう」と言って、それ以上の政治会議問題は翌日回しにした。当然である。ダレスがソウルにやって来た最大の目的はロバートソン次官補がソウルで作り上げた米韓相互防衛条約の草案を確定することだったからだ。

草案を不服とする不協和音は二つあった。一つはアメリカ軍を巻き込むことを大前提とした北進統一にロバートソンは「止めはしないが、アメリカは参戦しない」と応じたからであり、もう一つは卞栄泰が強弁する李承晩ラインと竹島で、ロバートソンはこの問題がサンフランシスコ講和条約を覆すものとして却下したからである。そこで卞栄泰はダレスとの会議の際、この二つを蒸し返し、ダレスはこれら不協和音をねじ伏せた。この経緯については以下に示す八月八日付けの《ダレス・李承晩共同声明》によって伺い知ることが出来る。

「慈愛と相互理解に基づく米韓相互防衛条約についての協議は、統一朝鮮の建設を成し遂げるため、共に手を携えて前進しようというアメリカと大韓民国の決意を明確に示しています。

私たちは本日、米韓相互防衛条約のバックボーンとなっているロバートソン草案に仮調印しました。その草案は共産主義者に晒される危険の中で朝鮮統一を成し遂げるべく設計されており、そしてこの草案は細部に手を加えて米韓相互防衛条約正文となり、正式調印されます。

この条約は実際に朝鮮半島で共産主義者と戦ったアメリカと大韓民国との絆をさらに強く固く結びつけるでしょう。アメリカ合衆国政府と大韓民国政府は、この条約の発効に必要とされる憲法で定められた手続きを遅滞なく進めます。アメリカ合衆国憲法はこの条約の批准のため上院の同意が必要だと謳っており、今週休会に入ったアメリカ上院議員は来年一月まで国会に戻ることはありません。しかし、アメリカ上院の指導者たちは、本日、私たちが取った行動について十分に知らされており、このことが迅速で好ましいアメリカ上院の行動に直結することを私たちはよく承知しています。

今、この瞬間から米韓相互防衛条約が発効日を迎え、かつ、休戦協定締結後に開催される政治会議の結果、新しい講和条約が発効の時を迎えるまでの間、朝鮮の地にいるアメリカ軍は国連軍司令官の指揮下に入ります。新しい講和条約が成立するまでは休戦協定の規定が活きており、もしも新しい講和条約が発効となる前に共産軍が大韓民国に武力攻撃をしかける場合、戦時作戦統制権を有する国連軍司令部は韓国軍およびアメリカ軍を動員して、即座に、かつ、自動的に反撃します。

アメリカ合衆国政府は米韓相互防衛条約が発効する時に備え、アメリカ軍が大韓民国に駐屯するための地位協定および米韓共通の任務遂行に必要な大韓民国の施設使用許諾などについて交渉し、速やかに結論を出すものとします。また、講和条約が発効して休戦協定が解消されるまでの間、大韓民国は今後も国連軍司令部と一致協力し、大韓民国における国連軍の地位および国連軍に提供されている大韓民国の軍事施設利用は現在と同様に継続されるものとします」

この共同声明は李承晩の身勝手を情緒的な甘言で抑え込む確認書のようだが、ともあれ、ロバートソン草案はこの共同声明に従って練り上げられ、米韓相互防衛条約正文となって一九五三年十月一日にワシントンの国務省で正式調印されている。この時、調印のため、ソウルからやって来たのは外交部長・卞栄泰[*4]だったが、この外交部長は調印後のレセプション会場でアメリカ主導の条約に不平を言い、さらに「政治会議で大韓民国が望む結果を得られなければ、アメリカを含む国連軍十六カ国の支援が無かろうと李承晩大統領は共産主義者に対する武力発動を再開する」と強がって見せた。しかしこの時ダレスは何の感情も存在しない乾いた微笑を返すのみだった。

翌年一月十一日、アイゼンハワーは上院議員に対し次の通り米韓相互防衛条約の批准を勧告した。

「アメリカ合衆国上院議員各位へ

私は一九五三年十月一日にワシントンで署名されたアメリカ合衆国と大韓民国の相互防衛条約をここに伝え、その批准を視野に入れつつ、本条約に関する上院議員各位からの助言と批准についての同意を受けたいと希望します。

私はまた一九五三年八月八日に韓国の李承晩大統領とダレス国務長官がソウルで米韓相互防衛条約を討議した際の共同声明と、これに関連して国務長官が私に報告した文書を上院議員各位に渡します。

米韓相互防衛条約は、共通の危険に対処する場合のアメリカ合衆国の決意を示すものであり、これによって敵対勢力の侵略を未然に防止しようとしています。

自由主義世界諸国の安全は、パートナーであるアメリカ合衆国の安全に依存しており、その意味で米韓相互防衛条約は環太平洋地域に存在する自由主義諸国の集団安全保障強化にとって必要であろうという合衆国政府の信念を再確認するものとなります。

私は、上院議員各位がこの条約の批准について助言し、速やかに同意することを推奨勧告します。

ドワイト・D・アイゼンハワー」

アイゼンハワー声明から十五日後の一月二十六日に米韓相互防衛条約[*5]は批准され、同年十一月十七日に発効となった。

話は前後するが、ダレスは第七回国連総会[*6]（八月十七日〜八月二十八日）に休戦協定第4条60項で強く謳われていた政治会議を持ち込み、その運営に関する原案をロッジ大使から発言させている。これはタイミングから見ても絶妙だった。なぜなら、ソウルで発表した八月八日のダレス・李承晩共同声明では米韓相互防衛条約が批准されて発効の日を迎えるまで、韓国軍は国連軍司令官の指揮下にあり、司令官も李承晩に抱き込まれてしまったようなクラークは退官。その後には李承晩とはまったく面識のないジョン・エドウィン・ハル大将が着任する。何をしでかすか分かったものでない李承晩を抑え込んで、政治会議の枠組みを構築するには、このタイミングが最適だったからだ。

国連での調整が済み、政治会議をめぐる中朝側との予備交渉がスタートしたのは一九五三年十月二十六日月曜日で、場所はサンフランシスコでもなければホノルルでもリオデジャネイロでもなく、板門店だった。交渉初日、アメリカの代表アーサー・ホブスン・ディーン国務省補佐官はカウンターパートが黄華《ホワン・ホワ》（中国）と北朝鮮人某の二名だったと伝えている。交渉はこの時も討議事項の調整から入ったが、のっけから激しい応酬になった。あまり忍耐強くない性急気質のディーン補佐官はこの時五十五歳。著名な企業弁護士から転身してダレスを支えることになったディーンが国務省に送った会合初日の様子を伝える電文には「共産主義者は、何から何まで、さよう、身振り手振りでさえ、私たちの建設的な提案に応ずる気持ちは無く、黄華はすでに決着した捕虜問題を蒸し返し、まったく話にならない」とあった。実のところ中朝側はアメリカ不信に凝り固まって予備交渉に臨んでいる。朝鮮半島から中国共産軍は出て失せろと声高に叫んだのは李承晩だったが、同じように中朝側もすべての外国軍は朝鮮半島から撤収しなければならないと主張し、米中同時撤収が暗黙了解となって休戦協定は発効した。しかしその二か月後、米韓相互防衛条約が調印の運びとな

ディーン国務省補佐官
（向かって左）

り、アメリカ軍の韓国駐留は継続されることになったから、これが中朝側の抱いた不信の中核をなしており、かくして黄華は捕虜の任意送還を白紙に戻し、全員本国送還を強く主張。これに加え、黄華はディーン補佐官の提案にすべてノーで応じた。余談ながら米韓相互防衛条約締結を受けておとなしくしている筈の李承晩もまた北進統一を蒸し返したので、副大統領ニクソンが十一月十二日木曜日に李承晩を訪問し、アイゼンハワーの忠告レターを手渡している。

さて、政治会議をめぐる予備交渉は十二月八日にデッドロックとなり、十二月十二日土曜日に事実上消滅した。このときディーンは次の様に国務省へ通知している。

「今日の午前十一時から午後四時四十五分までの途切れることのない五時間四十五分の会議で黄華は私の提案をことごとく否定し、無礼と傲慢と侮辱的態度に終始した。特に黄華が、『六月八日にハリソン将軍と南日《ナム・イル》将軍が捕虜に関する付属協定書に署名した後、ハリソン将軍は李承晩と結託して二万七〇〇〇人の北朝鮮軍捕虜をどこかに隠してしまった。この二万七〇〇〇人を含む任意送還捕虜を本国に戻せ』と強弁した後、アメリカ政府を非難するに及んだから、黄華の非常に無礼な告発声明が取り下げられない限り、交渉は無期限中止だと宣告して私は会議場を引き払った」

かくして政治会議は開催されずじまいとなり、一時的なものだった筈の休戦協定は継続され、それに伴って米韓相互防衛条約もそのまま維持された。これに加え一九六一年九月十日には金日成と周恩来が調印した中朝友好協力相互援助条約の発効となり、その体制のまま金正恩（北朝鮮）と文在寅（韓国）が政権

黄華・中国代表

を握る今に至った。

註

＊１　ロバートソン国務次官補の同行者は、マッカードル国務次官補（広報担当）、ヤング部長（北東アジア担当）、コリンズ陸軍参謀総長だった。

＊２　動員された東西両陣営の国別兵員数は次の通り。

◎西側すなわち国連軍＝二十七カ国。なお《参戦十六カ国》とは当事国である韓国を除いたアメリカ、イギリス、カナダ、オーストラリア、ニュージーランド、南アフリカ、フランス、オランダ、ベルギー、ルクセンブルク、ギリシャ、トルコ、タイ、フィリピン、コロンビア、エチオピアの十六カ国を指す。投入兵力は、当事国／大韓民国＝九十八万七〇〇〇人、アメリカ合衆国＝四十八万三二〇〇人、米韓以外の合計＝五万四三〇〇人。医療支援国（六カ国）は、インド、デンマーク、スウェーデン、ノールウェー、イタリア、イスラエル。その他支援（四カ国）は中華民国、キューバ、スペイン、エルサルバドル。掃海支援は日本＝一二〇〇名／触雷で負傷十八名、戦死一名。

◎東側すなわち共産軍＝九カ国。投入兵力は、当事国／朝鮮民主主義人民共和国…一三五万人、中華人民共和国…一〇〇万人前後。武器供給支援国（一カ国）はソ連。医療支援国（五カ国）は、チェコスロバキア、ハンガリー、ブルガリア、ポーランド、ルーマニア。その他支援（一カ国）はモンゴル。

＊３　八月五日の会議出席者／議事録の文責はヤング局長

韓国側出席者（計五名）は、李承晩（大統領）、白斗鎮（国務総理）、卞栄泰（外交部長）、④孫元一（国防部長官）ほか一名（文教部長官）。アメリカ側出席者（計七名）は、ダレス長官、ロッジ国連大使、ブリックス駐韓大使、ロバートソン次官補、ディーン補佐官、ボンド駐韓大使館顧問、ヤング局長。

＊4　卞栄泰／一八九二年十二月十五日生～一九六九年三月十日死去（享年七十六歳）
李承晩の下で外交部長と国務総理を務める。一九五六年に下野。ロバートソン次官補との米韓相互防衛条約をめぐる草案作りに際し、サンフランシスコ講和条約で竹島は日本の領土とされているが、そんなものは認めないと強弁したのは卞栄泰である。ロバートソン次官補はこれを危険視し、米韓相互防衛条約の第一条および第三条で明記すべき韓国領土を曖昧にした。ちなみに米韓相互防衛条約の発効は一九五四年十一月十七日だが、その直前の一九五四年八月五日にアメリカはヴァンフリート特命報告書（the Report of Van Fleet mission to the Far East）を正式受理した。その中でヴァンフリート大将は次のように述べている。

「合衆国政府は一貫して、李承晩ラインという海洋の主権に関する一方的な宣言が違法であり、日韓間の漁業に関する紛争が両国の権益を保護する漁業協定によって解決されるべきとの立場にある。……韓国が獨島と呼ぶ、別名リアンクールロックと称する竹島（東経一三一度八〇分／北緯三六度二〇分）は、日本本州と韓国のほぼ中間地点に存在する日本海の中の不毛な無人の岩山である。日本とのサンフランシスコ講和条約について韓国は獨島の権利を主張したが、アメリカ合衆国はこれを却下し、日本の主権下に残すことを決定した。……アメリカ合衆国は竹島紛争への介入は拒否し、紛争を国際司法裁判所に付託すべきであるという立場にある。アメリカ合衆国の意向は当局によって非公式に韓国に伝えられている」

　ちなみにヴァンフリート特命報告書の原本はアイゼンハワー大統領図書館が所蔵しており、日本の国会図書館に所蔵されているのはその複写である。
＊5　米韓相互防衛条約（全文）は本書末尾頁に記載されている。なお作戦統制権は、現在に至るまでの間に、平時と戦時で指揮系統の変更が生じた。すなわち戦時となった場合には、マッカーサー元帥の時代に戻ることを意味している。ところでアイゼンハワーは腹の内で李承晩を無法者と認定したけれども、戦争に巻き込まれるよりはましだと計算し、李承晩を饗応接待することについては物惜しみしなかった。李承晩の面子を立て、ちやほやして気持

ち良くさせることに的を絞ったアイゼンハワーは一九五四年七月三十一日から八月八日まで李承晩をアメリカに国賓招待し、ホワイトハウスでの晩餐、国会でのスピーチのほか、ニューヨーク、フィラデルフィア、シカゴ、カンザスシティ、ロスアンゼルス、サンフランシスコを周遊させ、ソウルに帰らせた。これが李承晩の絶頂だった。だがそれから六年後の一九六〇年五月二十九日、韓国全土で起きた暴動を抑えきれず、李承晩はハワイに亡命した。

＊6　現在、国連総会は常に毎年九月第三火曜日からとなっている。なおダレスが政治会議を国連に持ち込んだ時、事務総長はトリグブ・リー（ノルウェー人）からダグ・ハマーショルド（スウェーデン人）に交代していた。

休戦交渉で中朝側は誰がどのように発言したのか？

これについて本書では北朝鮮軍の南日《ナム・イル》中将と李相朝《リ・サンジョ》少将に焦点を絞り、中国軍の鄧華《トウンファ》中将や解方《ティエファン》少将の発言は割愛しました。その理由は発言者を絞り込むことによって交渉場面をより鮮明に再現しようとしたからです。もっとも、大声でアメリカ人を罵倒し、相手をひるませ、捏造を交えて論点を己の望む方向にねじ曲げ、最後に恫喝。これを何度も繰り返すのは鄧華も解方も、南日や李相朝と同じで、「なるほど儒教とは別の、大昔から連綿と続く大陸文化とはこれか！」と私は納得し、同時に、テレビでよく見かける中国の王毅《ワン・イー》外交部長や、仏頂面が売りの中国報道官を思い出しました。余談ながら、儒教はハウツーものであるせいか、信仰そのものという仏教と異なり、虚言捏造を禁じてはいません。つまり儒教には仏教の五戒やキリスト教の七大罪にあたるものが無いのです。

話をもとに戻すと、私は休戦交渉とは異なる場面での韓国側の発言者を李承晩大統領と卞栄泰《ビョン・ヨンテ》外交部長に絞りましたが、これも発言者の数を増やせば明らかに焦点が甘くなり、ピンボケは免れないからです。

ともあれ、交渉にあたって南日、李相朝、李承晩、卞栄泰がやって見せた手口はご立派の一語に尽き、妥協など一切しないこの四人こそは朝鮮民族のステレオタイプに違いないと私は確信しました。事実、戦場で酷い目に遭った北朝鮮は、交渉の場で聲闘《ソント》、論点ずらし、嘘言、歪曲という交渉技術《ディベートテクニック》を駆使して超大国アメリカと渡り合い、領土割譲を最小限に抑え、休戦交渉を終えています。そして韓国は、冷戦という風をうまく捉え、北朝鮮と同じ交渉手法でアメリカ人をうんざりさせ、米韓相互防衛条約をものにしました。かくして北朝鮮と韓国は罵詈雑言《ばりぞうごん》&歪曲捏造《わいきょくねつぞう》という伝統文化での成功体験に味を占め、以後両国はこの交渉技術に磨きをかけて瀬戸際外交と告げ口外交を自家薬籠中の物とし、それと併行して北朝鮮は核開発に注力。韓国は日本を手玉に取って欲しいものを獲得しながら現在に至ります。

さて、国務長官ダレスと李承晩の関係について補足すると、ダレスは確かに韓国を主権国家として立ち上げる事に尽力しましたが、それは日本と韓国を東西冷戦の極東地域の防波堤にしようと目論んだからです。しかし日本は新憲法を施行していましたから、朝鮮戦争では掃海作戦は例外として、派兵ゼロの物資供給センターという位置づけでした。

ところで李承晩はダレスに向かって「我々はソ連や中国よりも日本を警戒している。我々は急ごしらえの民主主義仮面をかぶって心から悔い改めたように振る舞っている狡猾な日本をよく知っている。サンフランシスコ講和による日本の主権回復は早過ぎであり、アメリカは日本を優遇し過ぎだ」と言った後、「我々は戦勝国として講和条約の署名国に名を連ねる権利がある」と主張しました。しかしダレスは「韓国に署名資格無し」と突っぱね、一九五一年九月八日の条約署名式典に韓国が傍聴出席することも却下しています。だが執念深い李承晩は翌年一月十八日、戦争のどさくさに乗じて李承晩ラインを引き、この無法者ぶりにさすがのダレスも匙を投げ、休戦交渉に対しての韓国の軽挙妄動を抑え込むべく、米韓相互防衛条約を締結したと考えられます。それはともかく、あれほど望んでいた韓国の国連加盟は北朝鮮と同時の一九九一年九月十七日であり、日本の国連加盟が一九五六年十二月十八日と段違いに早いことを知った李承晩は、国連がアメリカを頂点とする新たな華夷秩序とみなしていましたから明らかに気分を害しています。

　成功体験はいつも麗しき香りに満ちあふれている。だから、帝国海軍が大艦巨砲主義から抜け出せなかったように、北朝鮮も韓国も聲闘ほか罵詈雑言＆歪曲捏造という大陸系伝統文化の上に築いたディベート戦法での成功体験を金科玉条としつつ、現在に至っています。特に敗戦トラウマを引きずった日本に対し、この戦法は効果抜群であり、事実、日本は北朝鮮と韓国のいいカモでした。

　憲法第九条には軍備という金食い虫をゼロで済ませられる側面があります。おかげで日本は、軍備にはコストをかけず、その分、急速な戦後復興に注力できた。これが九条の〝光〟に当たる部分です。しかし〝光〟があるなら〝影〟もある。それが「戦争放棄、戦力および交戦権の否認」という拘束衣としての側面で、日本は敵対勢力に対する抑止力の行使を憲法で封じてしまったから、喜んだのは中国、北朝鮮、韓国でした。そういう日本で、北朝鮮工作員は拉致を日常的に繰り返しましたが、このとき九条護持にのめり込むあまり北朝鮮エージェントに抱き込まれた日本の国会議員がいます。この人は「拉致も工作員も警察の妄想で、そんなものは存在しない」と拉致家族に向かって断言し、この一言で北朝鮮工作員の拉致説は握り潰されています。そして韓国は、九条のおかげで日本が強く出て来ることはないと見切り、李承晩ライン侵犯の名のもとに竹島周辺での拿捕漁船三二八隻、抑留船員三九二九名、そして船員四十四名を殺害したにも関わらず、「我々は日本による植民地支配のおかげで竹島を奪われた被害者だ！」と絶叫し、日本は泣き寝入りを余儀なくされました。加えて韓国は金大中《キム・デジュン》事件で日本の主権侵害という重大な国際法違反を犯しましたが、どこ吹く風で押し切っており、また尖閣諸島周辺での中国海警局船舶の領海侵犯も九条の〝影〟を突いたまぎれもない犯罪です。

国民の安全を保障できない哀れな国、日本！

日本人一般がそういう自国の姿を強く認識したのは横田めぐみさん事件を握り潰した日本の国会議員という内なる敵の存在を知ったことと、もう一つ、オバマ大統領（在任中ノーベル賞獲得）がシナリオを書いたという「慰安婦に関する不可逆的合意プラス和解金十億円」がいとも簡単にひっくり返され、十億円はかえって来ないという瞬間を目の当たりにしたことです。

戦後はやられっぱなしの感が強い日本の対韓外交ですが、その第一歩は佐藤榮作内閣と朴正熙《パク・チョンヒ》大統領との間で締結された一九六五年六月二十二日署名の《日韓基本条約》と《日韓請求権協定》および関連三協定であり、ちなみにこれらの文書への署名者は、日本側は椎名悦三郎（外務大臣）、高杉晋一（前三菱電機会長）、韓国側は李東元《イ・ドンウォン》（大韓民国外務部長官）、金東祚《キム・ドンジョ》（初代駐日大韓民国特命全権大使）です。さて、日本は日韓基本条約の中に「サンフランシスコ講和条約ならびに国連総会決議第一九五号を想起し」と書き込むほか、「国連憲章の原則を指針とし」という文言で韓国の協定違反に歯止めをかけたつもりになっていますが、サンフランシスコ講和条約について言えば、韓国は「署名資格無し」と門前払いを食わされた経緯があり、国連総会での決定事項や国連憲章について言えば、日韓基本条約締結の時点で韓国は国連加盟国ではない。つまり日韓基本条約や三億ドル無償供与、二億ドル長期低利貸付プラスαが付いた日韓請求権協定は一種の紳士協定であって、そういうものである以上、日韓双方はジェントルマンでなければ成り立ちません。しかし、日本がいくらタガをはめたつもりになっていても、相手は聲闘《ソント》ほかの伝統文化を成功体験として意を強くしている人々であり、かつ、「日本人は九条という檻の中でうろうろしている小動物だから、どうと言うことは無い」と見ている人々ですから、日本の対韓外交は迷走します。日本は無期限休会で反撃したハリソン中将のように振る舞い、相手の出鼻をくじけば良かったのですが、冷戦はますます激しくなり、アメリカはベトナムで勝利するため、常に韓国の顔を立て、日本には譲歩を迫るという図式が続き、もともと異常に高い自己評価の持ち主だった韓国人はますます日本軽視の外交方針を固めます。この方針は数え上げたらきりがない侮日行為となって顕在化しますが、それは具体的には天皇を日王と呼んで蔑《さげす》んでみたり、公海上で自衛隊機にレーザー照射したり、日本商品不買運動を煽ったりする行為です。

　ところで成功体験に基づく交渉技術をもって「謝罪しろ！　誠意を示せ！」と日本に迫り、継続して望んだ結果を得るためには絶えず新しいネタを投入し、日本を謝罪地獄の中に閉じ込めておく必要がある。かくして一九八五年八月以前には《謝罪しろネタ》となっていなかった靖国問題が朝日新聞の誣告報道によって出現し、その後、これも朝日新聞の捏造報道によって慰安婦問題が《謝罪しろネタ》となりました。さらに教科書問題、李明博《イ・ミョンバク》大統領による天皇侮辱発言、旭日旗問題、最近は軍艦島問題、原発処理水問題、徴用工訴訟問題と新ネタが矢継ぎ早に出現するけれども、これは告げ口・瀬戸際外交を噛ますための素材です。そして靖国や教科書などについて言えば、呆れたことにこれらは全部内政干渉ですが、韓国にそういう意識はなく、もっと呆れることは日本人に「これは内政干渉だ」という意識が希薄なことです。かくして不勉強のゆえに聲闘という交渉技術を甘く見た宮澤喜一元首相は日本に謝罪国家のレッテルを貼った最初の首相となりました。また、河野洋平元官房長官も当然のように聲闘の洗礼に遭い、辟易したあげく河野談話を残し、一本負けする。訪朝した金丸信元自由民主党幹事長も同じようなものです。聲闘を食わされず、和気あいあいで済ませて来たのは、李明博率いる韓国をホワイト国にし、それだけで飽き足らずＧ７サミットのメンバー国にしようとした小泉純一郎元首相と韓国への利益誘導係となった日韓議員連盟所属議員ぐらいのものでしょう。こういう様子を見るにつけ、小泉元首相や日韓議員連盟所属議員はストックホルム症候群に毒された人間のように思えます。

ともあれ休戦交渉でジョイ提督をパーキンソン病に追い込み、米韓相互防衛条約ではクラーク大将の抱き込みに成功した朝鮮人は、海に囲まれた温暖な島国で「和を以て貴しとなす」としてきた日本人よりもある種のことについては数倍頭の回転が速いのだと認識すべきでしょう。礼儀を譲歩とみなし、譲歩を相手の弱さと判断する人々にとって、礼節や紳士的な言動は和を乞う敗者の泣き言でしかないのです。

私は日本糾弾の言葉を印刷した小旗を振り、日本大使館へデモ行進するソウルの幼稚園児集団の映像に愕然としましたが、それを引率していたのがキリスト教会の二人の尼僧だったのを見てどうしようもない脱力感に襲われた記憶があります。世界にはソ連のピオネール少年団、ナチスドイツのヒトラーユーゲント、中華人民共和国の中国少年先鋒隊（またの名は紅小兵《こうしょうへい》）は存在したけれども、そこに幼稚園児はいない。しかも引率者が尼僧というのは、これをローマ教皇が見たら嘆かわしさに天を仰ぐことでしょう。

歴史は科学的に考察を加えるべきものです。見たくない事実を自分に都合よく作り変えるのを止め、ユダヤ人絶滅を徹底してすり込まれたヒトラーユーゲントもびっくりという反日侮日の洗脳教育を止め、幼年児童に日本列島上に立ち昇るキノコ雲の絵を描かせ、地震や津波に苦しむ日本人の絵を描かせて花マルを与える保育を止め、核兵器をもてあそんでスターリン流の時代遅れな収容所国家運営を止めないかぎり、たとえ朝鮮民族統一国家が誕生しようとも、真に尊敬に値する存在になることは無理でしょう。韓国は李承晩を追放しても、日本憎悪の教育は継続し、六十年が経ちました。韓国、北朝鮮のような狭い空間で幼少時に刷り込まれた《恨》とやらをありがたがり、聲闘という成功体験を継承する以上、気の毒なこれらの国に対しては「丁寧な無視」という小野寺五典元防衛大臣の名言を実行するしか、さしあたっての処方箋はありますまい。

最後になりましたが、本書を世に出すにあたり、次のかたがたに感謝の言葉を述べたいと存じます。

何よりも、原稿の段階で本作品にご理解を示していただいた芙蓉書房出版の平澤公裕社長には、出版にいたるまでの間、様々な編集上の御尽力を賜り、ここに厚く御礼申し上げます。また本書の電子出版に関し、平澤社長にご協力賜ると共に、株式会社エスペラントシステム（コンテン堂）の齋藤隆顧問にたいへんお世話になりました。本書を電子化することで永遠の命を吹き込んでいただいたことに、あらためて厚く御礼申し上げます。

私はステージ４Ａ（Ｍ１Ｂ）の肺腺癌患者でありますが、これに罹った私に対し、健常者とあまり変わらない生活を可能にしてくれた昭和大学病院腫瘍内科チーム・カンガルーテール各位に深甚なる感謝の意を呈します。おかげでアメリカ公文書館に保存された原典情報を精査するという根気の要る作業をやり通すことができました。

また私の病状を心配し、親身に激励していただいた大菅和枝さん、佐藤靖郎さん、江口和哉さん、相良長典さん、原田枝美子さん、榊原奈保江さん、三島利也さん、尾高健太郎さんに感謝申し上げます。ありがとうございました。

そしてもう一つ。令和四年には私同様喜寿を迎える鎌倉学園高等学校で共に過ごした石川澄男さん、菊池昭忠さん、佐々木孟さん、古橋宏造さん、山田忍さん、ほか同窓諸兄。皆さんが健やかな日々を全うされることを祈念しつつ、結びとします。

《参考資料》

休戦協定

前文（Preamble）

本協定書は一方の署名者を国連軍司令官とし、もう一方の署名者を朝鮮人民軍最高司令官と中国人民志願軍司令員としている。

本協定書は、苦痛と流血の多大な犠牲をともなった朝鮮でのすべての武力行為と敵対行為の完全停止を目標に掲げて署名された。

本協定書は、第４条60項に明記された政治会議などを経て、朝鮮での最終的な平和が達成されるまでの間、国連軍ならびに中朝軍双方がこれを受諾することに同意した証《あかし》である。よって本協定書の各条、各項、各号に記載された文言は、純粋に軍事的なものとして、朝鮮での交戦者に対してのみ規定され義務付けられることを意図している。

第１条　軍事境界線および非武装地帯（the Military Demarcation Line and Demilitarized Zone）

１．確定した軍事境界線にそって国連側と中朝側双方の間に非武装地帯（ＤＭＺ）を設ける。非武装地帯は偶発的な衝突がきっかけとなって大規模な武力紛争になることを防止するためのものであり、このような緩衝地帯を作るため、国連軍と中朝軍は軍事境界線から二キロメートル後退する。

２．軍事境界線は、添付の地図に書かれた通りに引かれている。

３．非武装地帯は、添付地図に書かれた通り、北と南の境界を定めている。

４．軍事境界線および非武装地帯の現地における実際の線引きは、新規に創設される軍事休戦委員会（the Military

Armistice Commission＝ＭＡＣ）の監督と立ち合いの下、国連側と中朝側双方により実施され、非武装地帯と双方それぞれの領土が接する境界に沿って厳正かつ正確に適切な標識を立てねばならない。

5．漢江河口水域（The waters of the Han River Estuary）において、一方の岸辺が中朝側の管理下にあり、もう一方の岸辺が国連側の管理下にある場合、それがどこであれ、民間水運業者に開放されなければならない。このため軍事休戦委員会は添付地図に示されている漢江河口部分での民間水運について、しかるべき規約を定めるものとする。

6．相対する双方、すなわち国連軍および中朝軍は、非武装地帯の中でいかなる敵対行為も禁止される。

7．軍事境界線を越えることは、軍事休戦委員会が特別に許可しない限り、軍人であれ民間人であれ許可されない。

8．国連軍司令官によって特別に立ち入りが許可された者は国連側の軍事的統制下にある非武装地帯に立ち入ることができる。同じく朝鮮人民軍最高司令官によって特別に立ち入りが許可された者は北朝鮮軍側の軍事的統制下にある非武装地帯に立ち入ることができる。同じく中国人民志願軍司令員によって特別に立ち入りが許可された者は中国人民志願軍の軍事的統制下にある非武装地帯に立ち入ることができる。

9．軍人であれ民間人であれ、非武装地帯への立ち入りは許可されない。ただし、民間行政執行関係者、民間行政支援関係者、および軍事休戦委員会によって立ち入りを許可された者は除く。

民警が携行する武器の数は軍事休戦委員会によって規定される。非武装地帯に向かう警察官以外の一般人は軍事休戦委員会によって特別に許可されていない限り武器は携行できない。

10．軍事境界線の南側非武装地帯で生活している住民に対しては民政上の救済支援が必要であり、これは国連軍司令官の責任となる。また軍事境界線の北側非武装地帯も同様に、朝鮮人民軍最高司令官と中国人民志願軍司令員の共同責任となる。

南北双方から非武装地帯への移住が許される住民総数は、軍人と一般人を問わず、それぞれの司令官によって決定されるけれども、いかなる場合であろうと、総数は南北ともに千人を超えてはならない。

11．非武装地帯での軍事休戦委員会メンバーの移動の自由は完全に保証され、これを妨げるものはまったく無い。すなわち、国連側中朝側いずれかの軍事統制下にある非武装地帯で軍事休戦委員会メンバーが複数地点間を移動するために必要な道路を通過する利便性は、非武装地帯全域を通じて完全に保証される。

また、軍事休戦委員会の活動を支援するために設立される三つの支援グループ、すなわち、中立国監視委員会（the Neutral Nations Supervisory Commission＝ＮＮＳＣ）、中立国査察チーム（＝the Neutral Nations Inspection Teams＝ＮＮＩＴ）、合同監視チーム（the Joint Observer Teams＝ＪＯＴ）の非武装地帯での移動の自由を妨げるものも完全に無い。またこれら三グループに従属する人材および多数の機器を含む資材も同様の扱いとする。

第２条　戦闘停止および休戦の具体的取決め（Concrete Arrangements for Cease-Fire and Armistice）

（Ａ）総則（General）

12．相対する双方の司令官は、休戦協定が署名されてから十二時間後に発効となるその瞬間に、陸海空すべての部隊と兵員を含む麾下全軍に対し、朝鮮でのすべての敵対行為について完全な停止を命令し執行しなければならない。なお休戦協定での、これ以外の発効日時については63項を参照のこと。

13．双方の、より高位の代表者が参集して開催される政治会議を通して休戦協定の安定性を確実なものとするために、また同時に、平和的解決の成就を促進するために、対立する双方の司令官がなすべきことは13ａから13ｊまでの通りとする。

13ａ．休戦協定が発効してから七十二時間以内に、本協定に特段の定めがある場合を除き、すべての軍事力、補給品、および装備を非武装地帯から撤収させること。双方の地上兵力が撤収した後の非武装地帯には鉄条網や地雷など危険な障害物が放置されている。そこで七十二時間が経過した時から数えて四十五日以内に、そのような危険物はすべて軍事休戦委員会の監督と指示のもと、それを設置した国連側ないし中朝側が手配した将校と作業者によって非武装地帯（ＤＭＺ）から除去される。また、軍事休戦委員会や合同監視チームが派遣した調査団による非武装地帯での安全な移動を保証するため、このような危険な障害物が撤去された後、安全な新道が用意される。七十二時間が経過した時から数えて四十五日間、国連側と中朝側を問わず、どちら側の人間であれ、非武装地帯（DMZ）は立入禁止となる。ただし軍事休戦委員会の監視下で作業に従事することが承認された将校および作業員、軍事休戦委員会によって具体的に要求され、国連側ないし中朝側の司令官によって同意された警察職員の一団、本協定書の第10項および第11項に基づいて承認された一般人は除く。

13b．休戦協定発効時以降十日以内に、双方のすべての軍事力、物資、装備を、非武装地帯を含む沿岸の島々と海域から撤収させること。

もしも、定められた期限内に撤収せず、相互に合意された撤収遅延に関する正当な理由がない場合、相手方は安全と秩序の維持に必要なしかるべき行動に出る権利を有する。

「沿岸の島々」とは、休戦協定が発効した時点で一方の側が占領していた島々を指す。すなわち黄海道《ファンヘド》と京畿道《キョンギド》に属する島嶼は朝鮮民主主義人民共和国の最高司令官と中国人民志願軍司令員の軍事管理下にある。ただし次の島嶼は除外される。

白翎島《ペクニョンド》（北緯三七度五八分／東経一二四度四〇分）、大青島《テーチョンド》（北緯三七度五〇分／東経一二四度四二分）、小青島《ソチョンド》（北緯三七度四六分／東経一二四度四六分）、延坪島《ヨンピョンド》（北緯三七度三八分／東経一二五度四〇分）、U島《ウド》（北緯三七度三六分／東経一二五度五八分）。

同時に、軍事境界線の南にある大韓民国の西海岸のすべての島嶼は国連軍司令官の軍事管理下に置かれる。

13c．朝鮮半島における兵員補強は中止する。なお本件に関する留意事項は次の通り。

13c(1)．部隊単位ないし兵員単独での任務交代上の朝鮮入国、もしくは一時的な任務遂行上の朝鮮入国は停止されない。短期間の休暇で朝鮮半島の外に出た兵員、もしくは一時的な任務遂行のため朝鮮半島の外に出た兵員の休暇終了または任務終了に伴う朝鮮への入国は、次に定義された範囲内で許可される。すなわち朝鮮における服務期間中の部隊単位兵員が他の部隊単位兵員と交代する場合、ないし服務期間中の単独兵員が他の単独兵員と交代する場合、と定義された範囲内に限り許可される。

13c(2)．交代要員は、本協定書の第43項に列挙されている入港地を通じてのみ、朝鮮半島への入退出が許される。

13ｃ(3)・任務交代は人対人（man-for-man）を基礎として実施される。ただし、兵役に従事している三万五〇〇〇人以下の兵員は双方の任務交代の方針に基づく任意の暦月において、双方どちら側でも朝鮮半島への入退出が許される。

13ｃ(4)・休戦協定発効日以降、どちらの側も朝鮮半島に入る兵員の累積が朝鮮半島を離れる兵員の累積を超えてはならない。

13ｃ(5)・兵員の朝鮮半島への到着と朝鮮半島からの退出に関する報告は、中立国査察チーム（ＮＮＩＴ）によって軍事休戦委員会（ＭＡＣ）と中立国監視委員会（ＮＮＳＣ）に対し毎日行われる。すなわち、当該報告には兵員の到着および出発の場所、ならびに入退出人数が含まれるものとし、中立国監視委員会は中立国査察チームを通じ、本協定書の第43項に列挙されている入港地で移動承認された部隊ないし兵員一人の任務交代の監督および検査を実施する。

13ｄ・双方共に朝鮮半島への戦闘機、装甲車両、火器弾薬の運び込みを停止する。ただし、休戦期間中に破壊、損傷、摩耗、消費された戦闘機、装甲車両、火器弾薬は、同一効能、かつ、同一型式の部品単位での交換が許可される。また、そのような交換は、本協定書の第43項に列挙されている入港地を通じてのみ、朝鮮に運び込まれるものとする。戦闘機、装甲車両、火器弾薬の部品が交換目的で朝鮮に運び込まれる場合、その要件をオーソライズするため、軍事休戦委員会および中立国監視委員会に対し運び込み品目についてのすべての入荷報告が中立国査察チームによって行われるものとする。

当該報告には、交換対象となる品目の、交換後の処分に関する記述が含まれるものとする。

朝鮮から持ち出される交換品は、本協定書の第43項に列挙されている入港地を通じてのみ、朝鮮半島から運び出されるものとする。

中立国監視委員会は中立国査察チームを通じ、本協定書の第43項に列挙されている入港地で、認可された戦闘機、装甲車両、火器弾薬の交換の監督および検査を実施するものとする。

13e．休戦協定の各条項に違反したものは、上は司令官から下は一兵卒に至るまで、すべて相応の懲罰を受けるものとする。

13f．戦死者埋葬地は、国連側であれ中朝側であれ、仮に記録されたものであり、本当に埋葬されている場所が他に存在すると判明した場合、休戦協定が発効してから一定の期限内に、墓地記録職員（graves registration personnel）は死亡した捕虜を含む兵員の遺体を回収する目的で双方どちらかの側の軍事的支配下にある本当の埋葬地への立ち入りが許可される。

この作業を実行するための手順と制限時間は軍事休戦委員会によって決定され、双方どちらかの側の司令官は、相対する側の死亡軍人が埋葬されている場所について入手可能なすべての情報を提供する。

13g．軍事休戦委員会、合同監視チーム、中立国監査委員会、中立国査察チームは、付与された権限による責務遂行のため、国連側および中朝側からの完全な保護と支援および協力が提供される。

特に休戦協定書第43項に列挙されている入港地と主要内陸地点との間は、国連側と中朝側が合意した連絡ルートによって完全な移動の利便性が実現される。この連絡ルートの利便性は常に維持され、加えて、何らかの理由により当該連絡ルートが閉鎖されるか通行できない場合には、常に代替ルートと代替輸送手段が用意され、移動における不必要な遅延が排除される。

13h．軍事休戦委員会以下の委員会とチームが要求する可能性の高い通信および輸送施設を含む後方支援は遅滞なく提供される。

13i．国連側と中朝側双方は軍事休戦委員会以下の委員会とチームのために、軍事休戦委員会本部の近くにある非武装地帯のしかるべき土地に適切な飛行場を建設し、運用維持を履行する。

13j．軍事休戦委員会以下の委員会とチーム、ならびに新規設立された中立国捕虜送還委員会（NNRC＝ the Neutral Nations Repatriation Commission）の全メンバーと関連職員は、外交官用公認施設の使用が許可される。

14．本休戦協定は、朝鮮半島の、双方の側の軍事的支配下にあるすべての地上部隊に適用されるものとし、かつ、その地上部隊は、相対する側の軍事的支配下にある非武装地帯を尊重するものとする。

15．本休戦協定は、双方の相対する海軍に適用されるものとし、双方の海軍は、非武装地帯および相対する側の軍事的支配下にある沿岸部とそれに接する海域を尊重し、いかなる種類の封鎖も行わないものとする。
16．本休戦協定は、双方の相対する空軍に適用されるものとし、双方の空軍は、非武装地帯および相対する側の軍事的支配下にある地域、および相対する側の軍事的支配下にある沿岸部とそれに接する海空域を尊重するものとする。
17．本休戦協定に明記された条項と規定に関する遵守責任と執行責任は本協定の署名者とその麾下にある軍組織によって履行されるものとする。
本休戦協定のすべての条文に記載された文言とそこに込められた精神の遵守が求められている双方の相対する司令官は、互いに積極的に協力し、本協定のすべての規定についての対応方針と実施手順を設定した上で、それぞれ命令を発するものとし、同時に、軍事休戦委員会と中立国監査委員会に積極協力するものとする。
18．軍事休戦委員会以下の委員会と関連チームの運営費用は、国連軍と中朝軍によって平等に分担されるものとする。

（Ｂ）軍事休戦委員会（Military Armistice Commission ＝ＭＡＣ）

①構成（Composition）

19．ここに軍事休戦委員会が設立されることを宣言する。
20．軍事休戦委員会メンバーは十人の上級将校で構成される。十人の内、いっぽうの五人は国連軍司令官が任命し、もういっぽうの五人は朝鮮人民軍最高司令官と中国人民志願軍司令員が共同で任命する。それぞれの側から任命された五人の内、三人は中将以上の階級者とするが、二名は少将、准将、大佐、またはそれらに相当するものであることを可とする。
21．軍事休戦委員会は、必要に応じて参謀将校などのミーティング・アシスタントを使用することが許される。
22．軍事休戦委員会は主催する会議を支援する事務局を設立し、そのために必要な要員は国連側および中朝側から提供される。当該要員は記録係としての書記および書記補佐、秘書、通訳などの実務を滞りなく実行する。なお議事録は英語、朝鮮語、中国語で書かれた文書がワンセットとして保管され、それらはすべてコピーではなく正本であるものとする。

23．合同監視チーム（Joint Observer Teams＝ＪＯＴ）について

23ａ．軍事休戦委員会は十の合同監視チーム（ＪＯＴ）によって支援される。十という数は、軍事休戦委員会を構成する双方の上級メンバーの合意により、削減することができる。

23ｂ．一つの合同監視チームは佐官（field grade）から成る四人以上六人以下のメンバーで構成され、その内の半数は、国連軍司令官によって任命され、もう一方の半数は朝鮮人民軍最高司令官と中国人民志願軍司令員によって共同任命される。

合同監視チームの任務遂行にあたり、必要な場合には、運転手、事務局員、通訳など、追加人員が国連側と中朝側から提供される。

②任務および権威（Functions and Authority）

24．軍事休戦委員会の任務は、一つは休戦協定の実施状況を監督することであり、もう一つは本協定に違反するいかなる行為も交渉を通じて決着させることである。

25．軍事休戦委員会の具体的規約は25ａから25ｊまでの通りとする。

25ａ．軍事休戦委員会の本部は板門店（北緯三七度五七分／東経一二六度四〇分）の近接地に置く。なお、軍事休戦委員会の本部は、同委員会を構成する双方の上級メンバーの合意により、非武装地帯内の別の場所に移転することができる。

25ｂ．軍事休戦委員会の運営は議長（chairman）を置かず、合議制組織としての運営を行う。

25ｃ．合議制運営は、可能な限り議長無しの手続きと規則を採用するが、時に応じて議長の存在を認める。

25ｄ．軍事休戦委員会は非武装地帯と漢江《ハンガン》河口に関連する本協定条文の実施状態を監督する。

25ｅ．軍事休戦委員会は合同監視チームの活動について指揮権を発動する。

25ｆ．軍事休戦委員会は本協定に対するいかなる違反も交渉を通じて決着させるものとする。

25ｇ．軍事休戦委員会は、国連軍と中朝軍双方の司令官に対し、本協定に違反した事柄に関してのすべての調査報

告書および中立国監視委員会から受け取った事件の成り行きについての映像・音声・文献などすべての記録を、即座に渡すものとする。

25h．軍事休戦委員会は中立国捕虜送還委員会（Neutral Nations Repatriation Committee＝ＮＮＲＣ）と難民帰還支援委員会（Committee for Assisting the Return of Displaced Civilians）の活動に対し大まかな取締りと指揮誘導を行うものとする。

25ｉ．軍事休戦委員会は国連軍と中朝軍双方の司令官の間に立って通信電文を送信する仲介者としての役割を果たすが、ただしこの役割は、双方の司令官が別の通信手段を採用しようとする動きを妨害するものではない。

25ｊ．軍事休戦委員会は合同監視チームならびに他のスタッフに対し資格と情報閲覧を認める特別の記章を提供しなければならない。また、休戦協定に関連するすべての車両、航空機、船舶に対し同様のエンブレムおよびバナーを提供しなければならない。

26．合同監視チームは、非武装地帯および漢江河口での休戦協定の実施を監督する軍事休戦委員会の支援をその任務とする。

27．軍事休戦委員会を構成する委員は、非武装地帯もしくは漢江河口で発生した休戦協定違反を調査するために、合同監視チームを派遣する権限がある。ただし、軍事休戦委員会の国連側ないし中朝側いずれかの側の上級委員が単独で合同監視チームを緊急派遣する場合、合同監視チームの半分以下の派遣となる。

28．軍事休戦委員会を構成する委員は、休戦協定違反が発生した非武装地帯以外の周辺部で、特別な監視と調査を実施するよう中立国監視委員会に要請する権限がある。

29．軍事休戦委員会は休戦協定違反が発生したと判断した場合、直ちにその違反を相対する側の司令官に報告しなければならない。

30．軍事休戦委員会は休戦協定違反が満足のいく状態に復したと判断した場合、それを相対する側の司令官に報告しなければならない。

③総則（General）

31．軍事休戦委員会を構成する委員は毎日会合の席に着かねばならない。ただし七日を超えない休会（recess）がいずれかの上級委員によって発議された場合、それは軍事休戦委員会を構成する委員の合意によって決定されるものとする。なお、そのような休会は、休会途中の再開通知により、通知起算後、二十四時間以内に再開できる。

32．軍事休戦委員会が開催した全会議議事録は、可能な限り速やかにそのコピーを国連軍および中朝軍トップに送付する。

33．合同監視チームは定期報告を軍事休戦委員会に提出し、さらに軍事休戦委員会が必要と見なして要求する特別報告を随時行うものとする。

34．軍事休戦委員会は休戦協定で規定された議事録の複写ファイルを、正文とは別に、保存維持しなければならない。また、軍事休戦委員会は任務遂行のために必要とされる多種多様な報告書、記録文献の複写ファイルを保存維持しなければならない。最終的に軍事休戦委員会が解散する時、これらファイル一式は国連側と中朝側にそれぞれ引き渡される。

35．軍事休戦委員会は休戦協定の修正または条項追加について、国連側と中朝側の司令官に勧告を行うことができる。なお勧告された変更は、より効果的な休戦を確実にするための修正あるいは条項追加になっていなければならない。

（C）中立国監視委員会について（Neutral Nations Supervisory Commission＝ＮＮＳＣ）

①構成（Composition）

36．ここに中立国監視委員会の設立を宣言する。

37．中立国監視委員会は四名の上級将校で構成される。四名の内、二名はスウェーデンおよびスイスという中立国から招請され、国連軍司令官により中立国監視委員会メンバーに任命される。また他の二名はポーランドおよびチェコスロバキアという中立国から招請され、朝鮮人民軍最高司令官と中国人民志願軍司令員により共同で中立国監視委員会メンバーに任命される。

なお本協定書で使用される「中立国」という用語は、「当該国の軍隊が朝鮮戦争での敵対行為に直接参加していない国」と定義される。

中立国監視委員会に任命された正規メンバーは、任命された国の軍隊に所属する高級軍人であるものとし、正規メンバーが何らかの理由で中立国監視委員会開催会議に出席できない場合には、代理メンバーを指名できる。その場合、代理メンバーは正規メンバーと同一の国籍者でなければならない。

中立国監視委員会は、国連側が招請した中立国メンバーの数と中朝側が招請した中立国メンバーの数が等しい場合はいつでも会議を開催することができる。

38．中立国監視委員会メンバーは、必要に応じて、自国からスタッフとアシスタントを呼び寄せ、これを使用することが許される。また、これらスタッフとアシスタントは時に応じて代理メンバーへの任命が許される。

39．中立国監視委員会メンバーは、同委員会の任務遂行に必要不可欠な事務局員、記録管理担当職員、秘書、通訳などの追加要求を自国に出すことが許される。

40．中立国査察チームについて（Neutral Nations Inspection Teams＝ＮＮＩＴ）

40ａ．中立国監視委員会は、二十の中立国査察チームを管理下に置き、このチームを支援する。チーム数二十は軍事休戦委員会上級メンバーの合意により削減することができる。

中立国査察チームは中立国監視委員会に対してのみ諸般の報告を行う責任があり、また、その指示に従う。

40ｂ．中立国査察チームは四人以上の佐官級将校で構成される。二十チームの半分は国連軍司令官が招請した中立国の出身者であり、残りの半分は、朝鮮人民軍最高司令官と中国人民志願軍司令官が共同で招請した中立国の出身者であるものとする。

中立国査察チームはその機能を最大限に活かすため、その管理下に二名から成るサブチームを保有し、内一名は国連軍司令官によって招請された中立国出身者であり、他の一名は朝鮮人民軍最高司令官と中国人民志願軍司令員が共同招請した中立国出身者であるものとする。サブチームは状況に応じて追加増員することができる。

ドライバー、事務官、通訳、通信要員など追加要員、および中立国査察チームが任務を遂行するために必要となる機材は、適宜、国連軍ないし中朝軍よって提供される。

中立国監視委員会は国連軍や中朝軍に要求することなく自前のチャネルを通じて追加人員を整えることができる。ただし、その追加人員は中立国監視委員会構成メンバーと同じ国籍でなければならない。

②任務および権威（Functions and Authority）

41．中立国監視委員会の任務は本協定書の13ｃで規定した朝鮮半島における兵員補強の中止状況の監視、13ｄで規定した朝鮮半島への戦闘機、装甲車両、重火器、弾薬の導入停止状況の監視、28項で規定した非武装地帯以外の周辺部における特別監視、以上の調査結果を軍事休戦委員会に報告することである。

42．中立国監視委員会に関する細則

42ａ．中立国監視委員会はその本部を軍事休戦委員会の本部近くに開設する。

42ｂ．必要と思われる手続き上の規約は臨機応変に採用のこと。

42ｃ．中立国監視委員会は、その管理下に置かれた中立国査察チームの力量を大いに活用し、本協定書43項に列挙された入港地において、13ｃと13ｄに規定された事項の監督と査察を実施する。また中立国監視委員会は協定違反が生じた場所で、28項に規定されている特別捜査の監督と監視を実施するものとする。

中立国査察チームによる戦闘機、装甲車両、重火器、弾薬の査察は、強化された上記軍事物資が朝鮮全土に導入されていないことを適切に確認するものでなければならない。ただしこの査察は上記軍事物資の極秘設計または特性設計の検査を許可するものと解釈されるべきではない。

42ｄ．中立国監視委員会は中立国査察チームの活動を指揮監督する。

42ｅ．中立国監視委員会は43項に列挙された入港地の中に中立国査察チームの活動拠点を置く。これとは別に中立国監視委員会は機敏な行動力確保のため板門店の中立国監視委員会本部近くに十個の中立国査察チームの予備隊を置く。これにより軍事休戦委員会上級メンバーは中立国査察チーム予備隊の半数を違反発生現場に急派する。なお、十個の予備隊数は状況により軍事休戦委員会上級メンバーの合意で削減される。

42ｆ．中立国監視委員会は軍事休戦委員会全メンバー、あるいは軍事休戦委員会の上級メンバーから要求される休戦協定違反の調査を遅滞なく実行する。

42g．中立国監視委員会は中立国査察チームに情報閲覧資格を認める特別の記章を提供する。また任務遂行に使用されるすべての車両、航空機、および船舶に対し同様のエンブレムおよびバナーを提供する。

43．中立国査察チームは以下の入港地に配置される。

国連軍の軍事支配下にある入港地（空港を含む）

仁川《インチョン》（北緯三七度二八分／東経一二六度二八分）、大邱《テグ》（北緯三五度五二分／東経一二八度三六分）、釜山《プサン》（北緯三五度〇六分／東経一二九度〇二分）、江陵《カンヌン》（北緯三七度四五分／東経一二八度五四分）、群山《クンサン》（北緯三五度五九分／東経一二六度四三分）

中朝軍の軍事支配下にある入港地（河川港を含む）

新義州《シニジュ》（北緯四〇度〇六分／東経一二四度二四分）、清津《チョンジン》（北緯四一度四六分／東経一二九度四九分）、興南《フンナム》（北緯三九度五〇分／東経一二七度三七分）、満浦《マンポ》（北緯四一度〇九分／東経一二六度一八分）、新安州《シナンジュ》（北緯三九度三六分／東経一二五度三六分）

中立国査察チームは添付地図（地図５）に記載されている領域内での移動および通信について完全な利便性を与えられる。

③総則（General）

44．中立国監視委員会を構成する委員は毎日会合の席に着かねばならない。ただし七日を超えない休会がいずれかの委員によって発議された場合、中立国監視委員会を構成する委員の合意によって決定されるものとする。なお、そのような休会は、休会途中の再開通知により、通知起算後、二十四時間以内に再開できる。

45．中立国監視委員会が開催するすべての会議議事録は、そのコピーを会議終了後できるだけ早く軍事休戦委員会に送るものとする。議事録は英語、朝鮮語、中国語で書かれたものをワンセットとして保管するものとする。

46．中立国査察チームは中立国監視委員会に対し、各々のチームが管理、監視、検閲、捜査した結果報告を定期的に行なう。また、これに加えて軍事休戦委員会ならびに中立国監視委員会からの特別な要請に基づき、これに対する特別報告を随時行うものとする。

勧告を含む報告書はチーム全体で取りまとめたものでなければならないが、情報提供のみを目的とする報告書は個々別々に、単独のメンバーが随時提出できる。

47．中立国査察チームによって作成された報告書は、最初に中立国監視委員会が受領した言語のまま、中立国監視委員会によって遅滞なく軍事休戦委員会に転送されるものとする。中立国監視委員会は翻訳や評価で時間を浪費する必要はない。中立国査察チームの報告書は速やかな軍事休戦委員会への転送を第一義とする。

中立国監視委員会は生の中立国査察チームによる報告書を迅速に軍事休戦委員会へ転送するのと同時に、可及的速やかにその報告書を評価し、結果を軍事休戦委員会に発信するものとする。また軍事休戦委員会は当該評価通知が中立国監視委員会から届けられるまで、生の報告書に関し、最終措置を講じないものとする。

軍事休戦委員会において提出された報告書の理解に行き違いが出る場合、中立国監視委員会および中立国査察チームの関連メンバーは軍事休戦委員会の主催する会議に出席し、理解の食い違いを正すものとする。

48．中立国監視委員会は休戦協定で規定された報告書と議事録のコピーファイルを、正文とは別に保存維持し、かつ、任務遂行に必要とされる多種多様な報告書、記録文献のコピーファイルを保存維持しなければならない。そして最終的に中立国監視委員会が解散する時、これらファイル一式は国連側と中朝側にそれぞれ引き渡されるものとする。

49．中立国監視委員会は休戦協定の修正または条項追加について、軍事休戦委員会に勧告を行うことができる。なお、勧告された変更は、より効果的な休戦を確実にするための修正になっていなければならない。

50．中立国監視委員会メンバーは個別に軍事休戦委員会メンバーと連絡を取る権限が与えられるものする。

第３条　捕虜に関する取決め（Arrangements relating to Prisoners of War）

51．国連側と中朝側双方の監視下に置かれているすべての捕虜の解放と本国送還は、国連側および中朝側双方が合意した第３条51項から59項までの記載内容を遵奉し、本休戦協定が発効した時点で実施に移る。

51ａ．この休戦協定が発効してから六十日以内に、国連側および中朝側双方は拘留中のすべての捕虜を釈放して本国送還するために、一定のグループ単位でこれらの捕虜を相手側に引き渡す。

本国送還は、第3条の規定に従って実施する。よって双方は捕虜となっていた兵員の本国送還円滑化をはかるため、休戦協定に署名する直前に、本国送還となる兵員の国籍別総数を通知しなければならない。また、釈放された捕虜は国籍、姓名、階級、認識番号ないし拘留番号が書き込まれたカードを持ってそれぞれの側に引き渡されなければならない。

51b．双方は、本国送還を拒否したすべての捕虜を任意送還希望捕虜として解放しなければならない。なお、これら本国送還を拒否した捕虜は「付属協定書／中立国捕虜送還委員会に関する付託事項」に従って中立国捕虜送還委員会（ＮＮＲＣ＝Neutral Nations Repatriation Committee）に引き渡される。

51c．本協定では三つの言語を平等に取り扱う。そのため解釈上の行き違いが起きないよう、捕虜を一方の側から他方の側に引き渡す行為（本国送還）を、英語では「repatriation」、朝鮮語では「송환（ソンファン）」、中国語では「遣返（チェンファン）」と表記する。

52．国連側と中朝側双方は、休戦協定の発効によって釈放され、本国送還となった捕虜をふたたび兵士として、朝鮮での紛争に投入しない。これをお互いに確約する。

53．本国送還を望むすべての傷病兵捕虜は、優先的に送還される。また送還途中で治療および看護措置を講じさせるため、可能な限り軍医や衛生兵など医療関係者を傷病兵捕虜と同時に送還させる。

54．本国送還となったすべての捕虜は、本協定書の51ａに定める通り、協定発効後六十日以内に本国送還を完了させるものとする。国連軍ならびに中朝軍双方は、この制限時間内に、可能な限り早く捕虜の本国送還を完了させるものとする。

55．板門店は双方の捕虜を交換する場所として指定されている。板門店以外の非武装地帯における捕虜交換場所の追加は、必要に応じて本国送還委員会により指定される。

56．本国送還委員会(Committee for Repatriation)について

※著者註／本国送還委員会は中立国捕虜送還委員会（ＮＮＲＣ）とは別組織である。前者は本国送還捕虜をケアし、後者は任意送還捕虜をケアする。

56a．本国送還委員会は佐官クラス六名(field grade)で構成され、そのうち三名は国連軍司令官が任命し、三名は朝鮮人民軍最高司令官と中国人民志願軍司令員が合同で任命する。この委員会は、軍事休戦委員会の監督と指示の下で、国連側および中朝側双方の協調に基づく捕虜の本国送還についての具体的計画執行にあたり、以下に列挙する現場責任を負うものとする。

56a(1)．本国送還委員会は、国連側と中朝側双方の捕虜収容所から板門店の捕虜交換場所への捕虜到着時間に関する調整について責任を負う。

56a(2)．本国送還委員会は傷病兵捕虜の移送にあたり、必要となる可能性の高い福利厚生についての特別な取り決めを臨機応変に実施する責任を負う。

56a(3)．本国送還委員会は、57項で言及する合同赤十字チーム（Joint Red Cross Teams）の本国捕虜送還支援について責任を負う。

56a(4)．本国送還委員会は、53項および54項の実施状態を監督し、これを順守させることに責任を負う。

56a(5)．必要に応じて、捕虜交換に関わる追加場所の選択について、この委員会は責任を負う。

56a(6)．捕虜交換場所での安全に関わる諸手配について、この委員会は責任を負う。

56a(7)．捕虜の円滑な本国送還のため、この委員会は必要に応じて他の関連組織との連携の責任を負う。

56b．本国送還委員会は、委任された責務の執行について合意に達せない問題が発生した場合には、即座にその問題を軍事休戦委員会の決定に委ねるものとする。かかる事情から本国送還委員会の本部は軍事休戦委員会の本部近くに置くものとする。

56c．本国送還委員会は、捕虜の本国送還計画が完了した時に、軍事休戦委員会によって解散される。

57．合同赤十字チームについて

57a．合同赤十字チームは、国連軍に軍隊を派遣している国の赤十字代表と朝鮮民主主義人民共和国の赤十字代表と中華人民共和国の赤十字代表によって構成され、休戦協定発効と同時に、同協定第3条51項に明記された本国送還を望むすべての捕虜に対し、必要かつ望ましい人道奉仕を遂行し、この活動によって捕虜の本国送還事業を支援する。
この支援実施にあたり、合同赤十字チームは捕虜交換場所で捕虜の慰労と福祉のために慰問物資を配布し、またこれとは別に、国連側および中朝側双方の捕虜収容所を訪問して、捕虜の慰労と福祉のための人道奉仕を遂行する。

57ｂ・合同赤十字チームの編成

57ｂ（１）・捕虜交換場所のみで人道奉仕活動にあたる合同赤十字チームは二十人のメンバーで構成される。すなわち国連側の赤十字代表から十人が選出され、中朝側から十人が選出されて一つのチームができあがる。当該チームの議長は、メンバーの持ち回りで、毎日交代制とし、また、捕虜交換場所での人道奉仕活動は本国送還委員会によって調整されるものとする。

57ｂ（２）・朝鮮人民軍と中国人民志願軍の管理下にある捕虜収容所を訪問することによって人道奉仕活動にあたる合同赤十字チームは六十人のメンバーで構成される。すなわち国連側の赤十字代表から三十人が選出され、中朝側から三十人が選出されて一つのチームができあがる。当該チームは、捕虜収容所から捕虜交換の場所に向かう途中で、捕虜に対し慰問活動を行う。当該チームの議長は朝鮮民主主義人民共和国赤十字メンバーまたは中華人民共和国赤十字メンバーが務める。

57ｂ（３）・国連軍の管理下にある捕虜収容所を訪問することによって人道奉仕活動にあたる合同赤十字チームも六十人のメンバーで構成される。すなわち国連側の赤十字代表から三十人が選出され、中朝側から三十人が選出されて一つのチームができあがる。当該チームは、捕虜収容所から捕虜交換の場所に向かう途中で、捕虜に対し慰問活動を行う。当該チームの議長は国連軍に軍隊を派遣している国の赤十字メンバーが務める。

57ｂ（４）・それぞれの合同赤十字チームの活動力向上のため、状況に応じて、その管理下に二人以上の赤十字メンバーで構成されるサブチームを置くことができる。この場合、サブチームの人数は国連側および中朝側同数とする。

57ｂ（５）・合同赤十字チームは任務遂行にあたり運転手、事務要員、通訳などの追加人員および様々な機材を要求することができる。この場合、要求を受け付け、それを供与するのは当該合同赤十字チームが活動している地域を軍事支配下に置くそれぞれの側の司令官とする。

57ｂ（6）．合同赤十字チームの規模拡大または規模縮小について、国連側の赤十字メンバーと中朝側の赤十字メンバーが合意した場合、中立国捕虜送還委員会（ＮＮＲＣ）による精査確認を条件として、いつでも規模変更ができる。

57ｃ．国連軍と中朝軍双方の司令官は管理下にある地域での合同赤十字チームの人道奉仕活動に対し全面的に協力し、その安全確保ならびに要求される後方支援、通信施設の提供などを保証する。

57ｄ．合同赤十字チームは、51ａで規定した捕虜の本国送還がすべて完了した時に解散する。

58．捕虜情報の提供について

58ａ．国連軍と中朝軍双方の司令官は、遅くとも休戦協定発効後十日以内に、捕虜に関する以下の情報を中立国捕虜送還委員会（ＮＮＲＣ）を通して、相対する側の司令官に提供する。

58ａ（1）．相対する側の司令官に提供する情報は、最後に情報交換した日以降に逃亡した捕虜の完全な情報であるものとする。

58ａ（2）．拘留中に死亡した捕虜の氏名、国籍、階級、認識番号などの識別情報。これに加えて死亡日付、死亡原因、埋葬地に関する情報であるものとする。

58ｂ．右に定めた情報の提供日以降に拘留中の捕虜が逃亡または死亡した場合、58ａ（1）と58ａ（2）の規定に従い、中立国捕虜送還委員会を通じて、当該捕虜に関連する情報を相対する側に提供する。なお、かかる情報は、捕虜交換が完了するまで、逃亡または死亡の有無を含め、十日間隔で提供されるものとする。

58ｃ．捕虜交換完了後に、拘留側の管理下に戻った逃亡捕虜は軍事休戦委員会に引き渡されるものとする。

59．民間人住民の帰還について

59ａ．国連軍の管理下で生活する全民間人の内、一九五〇年六月二十四日時点では三十八度線の北側に住んでいたにも関わらず、休戦協定締結で新しく確定した軍事境界線の南側に住むことになってしまった民間人が、休戦協定発効時に、軍事境界線の北側に帰りたいと申し出るならば、国連軍司令官によって戻ることを許可され、帰還支援を受けるものとする。

同様に、朝鮮人民軍最高司令官と中国人民志願軍司令員の管理下で生活する全民間人の内、一九五〇年六月二十四日時点では三十八度線の南側に住んでいたにも関わらず、休戦協定で新しく確定した軍事境界線の北側に住むことになってしまった民間人が、休戦協定発効時に、軍事境界線の南側に帰りたいと申し出るならば、朝鮮人民軍最高司令官と中国人民志願軍司令員の合意によって戻ることを許可され、帰還支援を受けるものとする。

国連軍と中朝軍の司令官は、その軍事管理下にある領域において、右に規定した内容を広く公表する責任を負うものとし、併せて然るべき民政当局に対し、移住を望むすべての民間人へ相応の指導と支援を供与するよう呼びかけるものとする。

59ｂ．休戦協定が発効した時点で、朝鮮人民軍および中国人民志願軍の管理下で生活する外国籍民間人が非武装地帯の南側に移り住むことを希望する場合、移住は許可され、そのための支援が受けられる。同様に、国連軍の管理下で生活する外国籍民間人が非武装地帯の北側に移り住むことを希望する場合、移住は許可され、そのための支援が受けられるものとする。

国連軍および中朝側軍双方の司令官は、その管理下にある領域において、59ｂの内容を広く公表する責任を負うものとし、併せて然るべき民政当局に対し、移住を望むすべての外国籍民間人へ相応の指導と支援を供与するよう呼びかけるものとする。

59ｃ．休戦協定書が発効した後、59ａで規定された民間人の帰還、ならびに59ｂで規定された外国籍民間人の移住については、早急に国連側と中朝側双方で開始されるものとする。

59ｄ．強制退去民間人のための帰還支援委員会（Committee for Assisting the Return of Displaced Civilians)

59ｄ(1)．強制退去民間人のための帰還支援委員会は一九五〇年六月二十七日以降に強制退去させられた民間人のために新設される。

同委員会は佐官クラス四名の委員で構成され、そのうち二名は国連軍司令官によって任命され、他の二名は朝鮮人民軍最高司令官と中国人民志願軍司令員の合議で任命される。同委員会は軍事休戦委員会の監督と指揮の下、59ａと59ｂに明記された強制退去民間人帰還支援のため、国連側および中朝側双方と具体的な計画を立案し、種々の調整を施し、その上での執行に対する責任を負う。

強制退去に遭遇した民間人と外国籍民間人の帰還という問題を解決するにあたり、輸送問題を含む諸問題の解決手順および手配などの調整は同委員会の役目とされる。

また、これら強制退去に遭遇した民間人が非武装地帯を通って軍事境界線を渡り、安全に帰還するための通過ルートを選択するなど諸般の役目を実行に移し、民間人が無事に帰還を果たせるようにすることは同委員会の義務となる。

59ｄ(2)．強制退去させられた民間人のための帰還支援委員会はその責任にまつわるいかなる出来事であれ、合意に到達できないとなった時には、即座にその問題の処置を軍事休戦委員会に委ねるものとする。民間人帰還支援委員会の本部を軍事休戦委員会の本部近くに設営するのは最悪の事態を考慮してのものである。

59ｄ(3)．軍事休戦委員会は民間人帰還支援委員会がその任務を完結させた時点でこれを解散する。

第４条　国連軍および中朝軍双方と関係がある諸国政府への勧告 (Recommendation to the Governments concerned on both Sides)

60．国連軍および中朝軍の司令官は関係諸国の政府に対し、以下の通り勧告する。すなわち、中朝側と国連側からそれぞれ全権として招請された代表者によるハイレベルの政治会議が開催され、朝鮮からのすべての外国軍の撤収問題あるいはその他の朝鮮で起こった問題の平和的解決を協議し、交渉を通じて決着をはかるため、署名が終わった休戦協定が発効してから三カ月以内に政治会議の開催を勧告する。

第５条　雑 (Miscellaneous)

61．この休戦協定の修正と追加は、相対する双方の司令官によって相互に同意されたものでなければならない。

62．政治会議での平和的解決に向かうため、本協定書の各条項は、相互に受け入れ可能な修正追加によるか、または妥当な合意に基づく規定によって取り替わるまで、有効であり続ける。
63．この休戦協定は、「第2条／（A）総則／第12項」を除き、すべて一九五三年七月二十七日午後十時をもって発効とする。また、一九五三年七月二十七日午前十時に朝鮮の板門店で署名された休戦協定書は英語版、朝鮮語版、中国語版、すべて等しく正本である。

署名者

金日成
朝鮮民主主義人民共和国元帥／朝鮮人民軍最高司令官

彭徳懐
中国人民志願軍司令員

マーク・W・クラーク
アメリカ合衆国陸軍大将／国連軍総司令官

南　日
朝鮮人民軍大将／朝鮮人民軍ならびに中国人民志願軍首席交渉官

ウイリアム・K・ハリソン・ジュニア
アメリカ合衆国陸軍中将／国連軍首席交渉官

※著者註／ハリソン将軍は一九五二年九月六日に少将から中将に昇格し、極東アメリカ陸軍総司令官に就任した。また南日将軍は一九五三年初頭に中将から大将に昇格した。

付属協定書

■中立国捕虜送還委員会に関する付託条項（Terms of Reference for Neutral Nations Repatriation Commission）

①総則（General）

1．休戦協定署名と同時に設立される中立国捕虜送還委員会（ＮＮＲＣ）のメンバー国はスウェーデン、スイス、ポーランド、チェコスロバキア、インドの五カ国となる。

同委員会の設立目的は国連側ないし中朝側いずれかの収容所に拘留されている任意送還を希望した捕虜の保護監督と当該捕虜の任意送還を支援することである。また同時に同委員会の活動は、任意送還を撤回し本国送還を希望することになった捕虜の権利行使の円滑化を可能にすることである。同委員会は国連側および中朝側双方から委ねられた任意送還を希望する捕虜を保護監督するため、板門店近郊の非武装地帯に本部施設を配備し、かつ、その従属機関を本部施設と同じ場所に配備する。国連側および中朝側双方の代表者は、同委員会とその従属機関の活動を監視する。特にその中には同委員会による任意送還希望捕虜への事情説明と質疑応答の監視が含まれるものとする。

2．中立国捕虜送還委員会の責任と任務遂行を援助するため、必要にして十分な兵員および作業員はインドが単独で供給する。同委員会のインド代表者はジュネーブ諸条約第一三二条に従って、審判者を務め、また、同委員会の議長および執行代理人を務める。他の四カ国、すなわちスウェーデン、スイス、ポーランド、チェコスロバキアの代表者は、それぞれ五十名を超えない範囲で、スタッフならびにアシスタントの同行が許可される。

同委員会五カ国の代表者が何らかの理由で欠席した場合、その代表者は、自身の任務と権限を行使するために、同じ国籍の臨時代理者を指名することができる。スタッフならびにアシスタントを含む同委員会五カ国のメンバーが携行を許される武器は軍警察官（ＭＰ）が所持する小型拳銃に限定される。

3．中立国捕虜送還委員会は保護監督下にある任意送還希望捕虜に対し、暴力、または暴力的な威嚇行使をもって本国送還への翻意を強制することは絶対に禁止する。そして逆に自由意志で本国送還に翻意した捕虜に対し、暴力、または暴力的な威嚇行使をもって任意送還を強制することは絶対に禁止する。

同委員会に厳しく申し渡されるこの禁止条項はジュネーブ諸条約の第三条約で言及された規定に従うものであり、従って同委員会の保護監督下にある捕虜は常に人道的に扱われることが保証される。

なお同委員会関連の追加留意点は7項を参照のこと。

②捕虜の保護監督（Custody of Prisoners of War）

4．休戦協定の発効日までに任意送還を希望したすべての捕虜は、休戦協定の発効日から六十日以内に国連側および中朝側収容所から解き放たれ、中立国捕虜送還委員会の設立した本部施設の中の保護監督施設へ引き渡される。

5．国連側および中朝側は任意送還を希望したすべての捕虜の保護監督を同委員会に引き渡すにあたり、国連側および中朝側双方が指定する場所で当該捕虜をインド軍に完全に引き渡し、その上でインド軍は当該捕虜を同委員会に引き渡すものとする。

6．5項の規定に関わらず、国連側および中朝側は捕虜収容所の周辺地域、および捕虜収容所そのものに対する安全と秩序を維持確保する責任を負う。

7．同委員会は、3項で言及した捕虜の尊厳もしくは自尊心に関わる規定が、捕虜を保護監督下に置く同委員会の正当な機能と責任の行使権限を損なうものと解釈してはならない。

③任意送還を希望する捕虜への説明（Explanation）

8．中立国捕虜送還委員会は、任意送還を希望したすべての捕虜を保護監督下に置いた後、休戦協定発効日から九十日以内に、当該捕虜が行きたいと意思表明する国の代表者を招請し、当該捕虜がその国に行った場合の権利と義務を説明させるものとする。

8a．捕虜が希望した国から同委員会に派遣する代表者の数は捕虜千名につき五名から七名の間であるものとする。

8b．派遣された代表者が説明のために当該捕虜と会話できる時間はジュネーブ諸条約第五十三条に準拠しつつ、最終的に同委員会によって決定される。

８ｃ．代表者によるすべての説明と質疑応答は、同委員会および国連側と中朝側の立会いのもとで行われる。

８ｄ．代表者による説明内容は同委員会によって規定され、３項および本項（８項）に列挙された原則を踏襲するよう企画立案される。

８ｅ．説明を行う代表者は、無線通信に必要な設備を持ち込み、かつ、オペレーターを同伴することが許可される。オペレーターの数は、代表者が説明に出向く同委員会の施設ごとに一チーム六名以下のオペレーター同伴が許可される。ただし、すべての捕虜が一つの施設に集中している場合は、二チームが許可される。

９．任意送還を希望した捕虜は、あらかじめ同委員会が定めた規定を承知した上で、行きたいと意思表明する国を同委員会に伝え、捕虜自身に関する問題を告知する。

④捕虜の取り扱い（Disposition of Prisoners of War）

10．中立国捕虜送還委員会の保護監督下にある捕虜の気が変わって、本国送還の権利を行使する決定をした場合、捕虜は同委員会に本国送還申請をしなければならない。申請がなされると、その申請は同委員会もしくはその従属機関の一つによって直ちに吟味され、多数決によって申請の有効性が判定される。申請が有効と判定されると、当該捕虜は本国送還者のために用意されたテントに移され、かくして当該捕虜は、休戦協定に規定された手順の下、本国送還のため板門店の捕虜交換所に直ちに引き渡される。

11．捕虜の保護監督権が同委員会に移管されてから九十日が経過すると、８項の規定により、捕虜が行きたいと意思表明する国の代表者との面談と質疑応答は終了し、任意送還を希望した捕虜の問題は終了する。かくしてこの問題は休戦協定書60項の勧告文通り、政治会議へ提出される。政治会議においては三十日以内に当該捕虜の問題を解決するよう努め、その間、同委員会は当該捕虜の保護監督権を保持し続ける。休戦協定発効後一二〇日以内に政治会議を経た上でその処遇が決着し、本国とは別の国に行くことになった任意送還捕虜は、捕虜の身分から一般民間人の身分に変わり、同委員会とインド赤十字の支援のもとで希望国に移送される。任意送還を希望したすべての捕虜に関わる作業が完了した後、同委員会は直ちにその機能を停止し、解散する。

⑤赤十字メンバーによる捕虜収容所の訪問（Red Cross Visitation）

12．中立国捕虜送還委員会の保護監督下にある捕虜に対しては不可欠となっている赤十字の人道奉仕活動は、同委員会の定めた規則に従ってインド赤十字が実施する。
13．赤十字の人道奉仕活動に関する報道は、報道活動全体を把握する同委員会の定めた手順に従って、報道の自由およびその他ニュースメディアの自由が守られるものとする。

⑥捕虜に対する補給支援（Logistical Support for Prisoners of War）

14．国連側および中朝側は中立国捕虜送還委員会が保護監督する任意送還希望の捕虜に対し、食料、医薬品その他を補給支援しなければならない。
15．本国送還を希望した捕虜の移送に関わる費用は、ジュネーブ諸条約第一一八条に従い、捕虜収容所から板門店の捕虜交換所までは当該収容所を管理する国連側ないし中朝側いずれかが負担する。そして交換所以降の移送費用は送還先本国が負担する。
16．同委員会は実行可能な範囲で任意送還を希望した捕虜に対し医療支援を行うものとする。ただし、国連側および中朝側は、同委員会の要請に応じ、特に入院治療を含む広範多岐に渡る治療が必要となった捕虜に対し、国連側および中朝側双方の捕虜収容所で医療支援を行うものとする。国連側および中朝側双方の収容所に重篤捕虜が入院中も、同委員会は当該捕虜の保護監督を維持する。同時に、国連側および中朝側は同委員会の保護監督の維持を必要に応じ支援する。治療が終わり、退院した任意送還希望捕虜は4項に規定されている通り、同委員会の保護監督施設へ戻るものとする。
17．同委員会の要求に応じ、インド赤十字は板門店捕虜交換施設で雑務全般を取り仕切る要員提供の責任を負う。
18．同委員会は、その義務と任務を遂行する上で必要となる正当な支援を国連側および中朝側双方から受ける。また国連側および中朝側双方は、いかなる名目であろうと、いかなる形態であろうと、同委員会に干渉または影響力を行使することは禁じられる。

⑦中立国捕虜送還委員会に対する補給支援（Logistical Support for NNRC）

19．国連側および中朝側は、双方の軍事管理下にある地域に駐留している中立国捕虜送還委員会メンバー全員に対し、平等に物資補給ほかの後方支援を実施しなければならない。また双方は非武装地帯に駐留する同委員会メンバー全員に対し、平等に物資補給ほかの後方支援を実施しなければならない。そして非武装地帯での平等な後方支援に関わる正確な取り決めは、いずれの場合も、同委員会と国連側および中朝側との間の決定に従うものとする。

20．同委員会の要請に基づいて、国連側および中朝側は任意送還を希望した捕虜が行きたいと意思表明した国の代表者を警護する。すなわち23項で明らかにされている通り、国連側および中朝側は、民間人の居住区、および近隣の居住区からの代表者に向けた攻撃を鎮圧する責任を負う。いっぽう同委員会は当該捕虜が保護監督されている施設内での代表者の安全を確保する責任を負う。

21．やむを得ない事情により国連側ないし中朝側から任意送還希望の捕虜が同委員会に移管される前に、当該捕虜が某国の代表者と面談する場合、当該代表者が双方いずれかの収容所にいる間、双方いずれかは輸送、住居、通信、およびその他の後方支援を、当該代表者に提供する。なお、このような後方支援は、任意送還を希望した捕虜が同委員会に移管された後、費やされた経費の払い戻しを同委員会は双方いずれかに行う。

⑧公表（Publication）

22．休戦協定が発効した後、中立国捕虜送還委員会に関連する条項は任意送還を希望したすべての捕虜に通知される。

⑨移動（Movement）

23．国連側および中朝側の収容所からインド軍に引き渡される場所までの中立国捕虜送還委員会メンバーと任意送還を希望する捕虜の移動は、国連側、中朝側、同委員会によって合議決定された連絡路が使用される。4項で指定された保護監督施設内を除き、移動する同委員会メンバーと捕虜は、移動ルート地域の守備兵によって護衛される。なお、そのような移動はいかなる妨害や強制の対象になってはならない。

⑩手続き上の事項（Procedural Matters）

24．この協定の解釈は、多数決に基づいて運営される中立国捕虜送還委員会および同委員会の従属機関に委ねられる。

25．同委員会は、任意送還を希望した捕虜について、その捕虜を拘留していた国連側ないし中朝側の司令官に毎週末、送還が完了した人数と、残存保護監督捕虜の人数について報告書を提出する。

26．《中立国捕虜送還委員会に関する付託条項》は、休戦協定が発効に至ったその瞬間、発効する。なお、一九五三年六月八日午後二時に朝鮮の板門店で署名された《中立国捕虜送還委員会に関する付託条項》は英語版、朝鮮語版、中国語版の三言語で記されており、いずれも等しくすべて正本である。

署名者

南　日

朝鮮人民軍大将／朝鮮人民軍ならびに中国人民志願軍首席交渉官

ウイリアム・K・ハリソン・ジュニア

アメリカ合衆国陸軍中将／国連軍首席交渉官

■休戦協定補足のための暫定合意（Temporary Agreement Supplementary to the Armistice Agreement）

捕虜の保護監督要件を満たすため、任意送還を希望した捕虜に対する中立国捕虜送還委員会（ＮＮＲＣ）への委任条項に従って、国連軍司令官、朝鮮人民軍最高司令官、中国人民志願軍司令員は朝鮮における休戦協定第５条61項の履行にともない、休戦協定を補足する以下の暫定協定締結に合意する。

1．中立国捕虜送還委員会に関する付託条項第②条４項および５項の規定に基づき、国連軍は任意送還希望の捕虜を同委員会へ引き渡す場所について、軍事境界線と非武装地帯の東方から南方にかけての領域を指定する。すなわち、臨津江《イムジンガン》の南側から北東にあるオクムニ（Okum-ni）までの間の街道上の領域を、国連側は同委員会へ任意送還捕虜の引き渡し場所として指定する。ただし板門店《パンムンジョム》から南東に向かう幹線道路は含まない。

国連軍が管理下に置く責任を負った任意送還を希望する捕虜は、この引き渡しをもって同委員会とインド軍に保護監督責任が移管されるものとする。

国連軍は、休戦協定の発効以前に、朝鮮人民軍と中国人民志願軍に対し、任意送還を希望する捕虜の人数について、国籍別の概算値を通知するものとする。

2. 任意送還を希望する捕虜が中朝側の収容所で拘留されている場合、当該捕虜が保護監督移管のため同委員会とインド軍に引き渡される場所として、朝鮮人民軍と中国人民志願軍は板門店近くの軍事境界線と非武装地帯の西方と北方の領域を指定する。

中朝側の収容所に拘留している捕虜の中に、任意送還を希望する捕虜がいる場合、朝鮮人民軍と中国人民志願軍は、当該捕虜の国籍別の概算値を国連軍司令部に通知するものとする。

3. 休戦協定第1条8項、9項および10項に関連する事項

3a. 休戦協定が発効した後、国連側と中朝側双方の非武装要員は、必要な建設作業を行うために、各側が指定した前述1項および2項の領域に立ち入ることを軍事休戦委員会から特別に許可される。またそのような非武装要員は、建設作業の完了と同時に前述領域から撤収する。

3b. 国連側および中朝側双方の収容所に拘留されている任意送還希望捕虜について双方が決定した正確な人数は軍事休戦委員会によって厳正にオーソライズされ、その後、拘留していた側のしかるべき兵力によってそれぞれ護衛され、前述の引き渡し領域に護送され、同委員会とインド軍の保護監督下に引き渡されるものとする。当該捕虜の引き渡しが完了した後、それまで捕虜を拘留していた側の軍隊は、引き渡し領域からそれぞれの側の管理下にある地域に直ちに撤収するものとする。

3c. 「中立国捕虜送還委員会に関する付託条項」の中で供与されている機能を行使するため、同委員会とその従属機関のメンバーはもちろんのこと、インド軍、インド赤十字、説明代表者と監視立会代表者ならびに必要な材料と設備は、捕虜の保護監督のために国連側および中朝側双方によってそれぞれ指定された前述領域への出入りと、その中での完全な移動の自由を有することを、軍事休戦委員会によって厳正にオーソライズされるものとする。

4．前述3項ｃの規定は、休戦協定第1条11項で言及された軍事休戦委員会メンバーの特典を損なうものと解釈してはならない。

5．本協定は、「中立国捕虜送還委員会に関する付託条項」に規定されている任務完了時に廃棄されるものとする。

一九五三年七月二十七日午前十時に朝鮮の板門店で署名された英語版、朝鮮語版、中国語版三言語から成る「付属協定書／休戦協定補足のための暫定合意」はすべて等しく正本である。

署名者

金日成
　朝鮮民主主義人民共和国元帥／朝鮮人民軍最高司令官
彭徳懐
　中国人民志願軍司令員
マーク・W・クラーク
　アメリカ合衆国陸軍大将／国連軍総司令官
南　日
　朝鮮人民軍大将／朝鮮人民軍ならびに中国人民志願軍首席交渉官
ウイリアム・K・ハリソン・ジュニア
　アメリカ合衆国陸軍中将／国連軍首席交渉官

米韓相互防衛条約

本条約の締結国、すなわちアメリカ合衆国と大韓民国は、両国が関係を持つすべての国民およびすべての政府と平和に共存したいと願う心情を再確認した。

その上で両国は、太平洋地域の平和構造の強化を望み、また、両国どちらかが太平洋地域で孤立しているという幻想を潜在的な攻撃者に抱かせないようにすることを望み、外部からの武力攻撃に対し身を守るという両国共通の決意を公然と正式に宣言することを望み、また、太平洋地域における局所的安全保障に関するより包括的で効果的な機構の発展を待つまでの間、平和と安全の維持に関する集団的自衛についての努力をさらに強化することを望み、その結果以下の通り合意した。

第一条　本条約の締結国はそれぞれが関与するかも知れない国際紛争に対し、国際的な平和と安全と正義を危険にさらさぬよう配慮しつつ、平和的手段による紛争解決に臨むことを確約する。また本条約締結国は、それぞれの国際関係において、国連に対する義務に配慮しつつ、国連の存在目的と矛盾する威嚇や強制力の行使を、いかなる形であれ、固く控えることを確約する。

第二条　本条約締結国である米韓両国は、米韓いずれか一方が政治的独立または安全を外部の武力攻撃によって脅かされている場合、米韓いずれか一方の要望と意見によって、いつでも共に協議する。そして米韓両国は、本条約を実施し、その目的を促進するため、個別にあるいは共同で、自助と相互援助によって、武力攻撃を阻止すべく妥当な方法を維持し発展させ、協議と合意の上で、適切な措置を講ずる。

第三条　本条約締結国である米韓両国は、太平洋地域において、米韓いずれかいっぽうの行政管理下にある領土に対する武力攻撃、ないし米韓両国と密接な関係にある行政管理下の領土に対しての武力攻撃、または今後、米韓いずれかいっぽうの行政管理下に入る領土に対しての武力攻撃が起きることを想定し、それ自体が平和と安全にとって危険であるという共通認識に基づき、危険への対処宣言を行い、次に憲法上の手続きに従って共通の危険に対処するための武力行動実行宣言を行う。

第四条　本条約締結国である米韓両国は、相互合意により決定された大韓民国の領土内およびその周辺へ、アメリカ合衆国陸海空軍を配備する権利を大韓民国から供与され、アメリカ合衆国はこれを受け入れる。

第五条　本条約は、アメリカ合衆国と大韓民国により、それぞれの憲法上の手続きに従って、批准されるものとし、その批准書がワシントンで相互に交換された時、発効する。

第六条　本条約は無期限に効力が存続するものとする。なお、米韓いずれか一方の締結国から他方の締結国に終了通知を行ってから一年後に本条約は終了するものとする。

これを証するため下名の全権大使は、この条約に署名した。

本条約は一九五三年十月一日、ワシントンで英語および朝鮮語により二通作成した。

署名者

アメリカ合衆国のために
ジョン・フォスター・ダレス（合衆国国務長官）
大韓民国のために
卞　栄　泰《ビョン・ヨンテ》（韓国外交部長）

関連年表

一九四七年	五月三日	日本国憲法発効
一九四八年	八月十五日	大韓民国の成立
	九月九日	朝鮮民主主義人民共和国の成立
一九四九年	十月一日	中華人民共和国成立
一九五〇年	六月二十五日	朝鮮戦争勃発
	十月十九日	朝鮮戦争／中国参戦
一九五一年	四月十一日	マッカーサー解任（リッジウェイ就任）
	七月十日	朝鮮戦争休戦交渉開始（スターリン同意）
	九月八日	サンフランシスコ講和条約／日本の主権回復
一九五二年	一月十八日	李承晩ライン出現
	五月十二日	リッジウェイ離任／クラーク就任
一九五三年	一月二〇日	トルーマン退任／アイゼンハワー就任
	三月五日	スターリン死去
	七月二十七日	朝鮮戦争・休戦協定調印
	十月一日	米韓相互防衛条約調印
一九五四年		北朝鮮からの中国共産軍撤収開始
一九五六年	十二月十八日	日本の国連加盟

一九五八年　十月二十六日　北朝鮮からの中国共産軍撤収完了
一九六〇年　五月二十九日　李承晩、ハワイ亡命
一九六一年　一月二十日　アイゼンハワー退任／ケネディー就任
一九六五年　七月十九日　李承晩死去（享年九十歳）
六月二十二日　李承晩ライン消滅
一九七一年　十月二十五日　中華人民共和国の国連加盟
九月十七日　韓国＆北朝鮮の国連加盟

著　者
本多 巍耀（ほんだ たかあき）
1945年神奈川県横浜市鶴見区生まれ。横浜市立豊岡小学校卒業、東京都品川区立伊藤中学校卒業、私立鎌倉学園高校卒業、東京理科大学理学部卒業。富士通株式会社入社（流通業関連営業部門配属）、2005年定年退職。
現在は戦略研究学会会員、日本尊厳死協会終身会員。
著書に『皇帝たちの夏／ドイツ軍戦争計画の破綻』『大統領と共に／動物の謝肉祭イン・ホワイトハウス』『消えた帝国／大統領ウィルソンの挫折』『原爆投下への道程／認知症とルーズベルト大統領』『原爆を落とした男たち／マッド・サイエンティストとルーズベルト大統領』『スターリンの原爆開発と戦後世界』がある。

朝鮮戦争休戦交渉の実像と虚像
――北朝鮮と韓国に翻弄されたアメリカ――

2022年 2月14日　第1刷発行

著　者
本多《ほんだ》 巍耀《たかあき》

発行所
㈱芙蓉書房出版
（代表 平澤公裕）
〒113-0033東京都文京区本郷3-3-13
TEL 03-3813-4466　FAX 03-3813-4615
http://www.fuyoshobo.co.jp

印刷・製本／モリモト印刷

ISBN978-4-8295-0828-2

スターリンの原爆開発と戦後世界
ベルリン封鎖と朝鮮戦争の真実
本多巍耀著　本体 2,700円

ソ連が原爆完成に向かって悪戦苦闘したプロセスをKGBスパイたちが証言。戦後の冷戦の山場であるベルリン封鎖と朝鮮戦争に焦点を絞り東西陣営の内幕を描く。スターリン、ルーズベルト、トルーマン、金日成、李承晩、毛沢東、周恩来などキーマンの回想録、書簡などを駆使したノンフィクション。

原爆を落とした男たち
マッド・サイエンティストとトルーマン大統領
本多巍耀著　本体 2,700円

やればどうなるかよく知っている科学者たちが、なぜこれほど残酷な兵器を開発したのか？

原爆の開発から投下までの、科学者の「狂気」、投下地点をめぐる政治家の駆け引き、B-29エノラ・ゲイ搭乗員たちの「恐怖」……

“原爆投下は戦争終結を早め、米兵だけでなく多くの日本人の命を救った”という戦後の原爆神話のウソをあばいた迫真のノンフィクション！

原爆投下に秘められた真実がよくわかる本。

原爆投下への道程
認知症とルーズベルト
本多巍耀著　本体 2,800円

恐怖の衣をまとってこの世に現れ、広島と長崎に投下された原子爆弾はどのように開発されたのか。

世界初の核分裂現象の実証からルーズベルト大統領急死までの６年半をとりあげ、原爆開発の経緯とルーズベルト、チャーチル、スターリンら連合国首脳の動きを克明に追ったノンフィクション。マンハッタン計画関連文献、アメリカ国務省関係者の備忘録、米英ソ首脳の医療所見資料など膨大な資料を駆使。

消えた帝国
大統領ウィルソンの挫折
本多巍耀著　本体 1,900円

国際連盟がいとも簡単に機能不全に陥ってしまったのはなぜか？

〈戦争放棄〉という輝かしい理想を掲げた大統領はなぜ挫折したのか？

第一次世界大戦終結直後のパリ講和会議で繰り広げられた虚々実々のかけひきをウィルソン大統領を中心にリアルに描く。